COLLECTION
FOLIO ESSAIS

Cynthia Fleury

Les irremplaçables

Gallimard

Cynthia Fleury, philosophe et psychanalyste, professeur associé à l'école des Mines de Paris, dirige également la Chaire de Philosophie à l'Hôpital (GHT Paris-Psychiatrie et Neurosciences).

Prologue

Les années passent et se ressemblent. En apparence, rien n'est plus à sa place. Rien n'a plus de place. La modernité ne serait-elle qu'une plaisanterie, tant les changements produits se délitent sous l'analyse critique, et laissent apparaître sous leur fulgurance la rémanence de leurs archaïsmes ? Certes, l'immense chemin que produisent la littérature, les littératures mondiales, antiques et contemporaines, dit quelque chose de la modernité, au sens où l'homme y invente un peu de sa liberté. Mais il subsiste toujours, dans le monde social, cette passion pour le « pouvoir » comme s'il était l'autre nom du Réel. *Les irremplaçables* est un livre sur la non-linéarité de la vie, les seuils qualitatifs invisibles, un livre de moitié de vie. Mais tous les livres de moitié de vie sont des livres de fin de vie. La mort nous a cernés depuis longtemps, et avant la fin de l'enfance, chacun d'entre nous a fait connaissance avec elle. Peut-être est-ce cela la définition de la fin de l'enfance ? Mais une nouvelle occurrence de la mort surgit, au milieu de la vie. Rien n'alerte sur le fait que ce soit le milieu. Arithmétiquement, cela ne l'est sans doute pas. Mais cela devient le milieu, car dès lors, l'intuition du chemin qui reste à parcourir, du temps restant, pour chacun d'entre nous, prend forme.

J'ai grandi sous l'œil. Pas celui de la surveillance. Celui de l'attention. Sous l'œil et déjà séparée. L'œil des parents, si puissant que je n'ai longtemps pas vu d'autres regards. Une liberté qui s'apprend, au front, immédiatement au front, comme les adultes. Malgré moi, j'éduque ainsi mon fils, sous l'œil, mais déjà seul. Longtemps j'ai ressenti ce regard comme omniprésent, indissociable du mien, faisant monde. Il n'y avait pas de monde. Le monde des parents était mon monde. L'imitation n'y était pas enseignée. Imiter suppose peut-être de savoir admirer, mais admirer n'était nullement enseigné. Ce qui était enseigné, c'était de ne s'illusionner ni sur les autres ni sur soi-même, ce qui était enseigné, c'était la solitude, le fait de savoir que l'on est seul, que l'on sera toujours seul. « Aller seul vers le Seul », écrit Plotin. Pourtant, les parents étaient bien là, absolument là, définitivement avec. Je n'ai jamais douté de leur présence, ni de la séparation afférente, ni de la solitude exigée. Et j'ai mis un certain temps à apprendre à admirer, à inventer l'admiration plutôt. Je n'ai pas choisi les gloires patentées. La voie de l'admiration a suivi le chemin d'émergence des irremplaçables, de ceux qui tentaient l'aventure de l'irremplaçabilité, qui allaient au-devant de leur sujet comme on va au-devant du monde, précisément détachés de leur sujet, car la voie de l'individuation ressemble, sous maints aspects, à celle de la dépersonnalisation. Il ne s'agira pas de devenir une personnalité, une singularité, comme une injonction à la mise en scène de l'ego. L'enjeu est tout autre : il est relationnel. Se lier aux autres, se lier au sens, se lier au Réel, se lier à l'œuvre, l'éternité des liens comme seule vérité.

Refaire lien, donc, avec l'individuation. J'aurais pu parler de processus de subjectivation, car il s'agit de cela. Mais la notion d'individuation fait écho à celle de l'individualisme pour la critiquer, et rappelle qu'un individu dans l'État de droit doit pouvoir devenir sujet. Dès lors, il ne sera pas un obstacle à la consolidation démocratique, le fait même qu'il devienne sujet permettra qu'il se soucie, à son tour, de la protection de l'État de droit. Rêver à la démocratie nécessite d'être un sujet en chemin. Souvent, une simple amorce de sujet peut suffire pour l'émergence principielle démocratique. Mais avoir le souci de l'État de droit, comme l'on a le souci de soi, c'est encore autre chose, et qui demande une exigence d'individuation bien plus qualitative. Le défi d'une consolidation démocratique vaut toutes les naissances démocratiques, c'est là un enjeu immense, sous-estimé car sans romantisme; sa littérature peut sembler sèche tant elle énonce la condition déceptive de la démocratie. Avant la mort, j'espère vivre ces nouvelles combinaisons de souveraineté démocratique de l'État-nation avec la gouvernance mondiale, ces formes de Constituante plus participative, ces temps citoyens conçus et offerts dans les organisations privées et publiques pour refonder la liberté des modernes, l'avènement d'un revenu universel de base... En somme, que la politique ne soit plus une religion continuée, qu'elle devienne politique au sens où elle serait indissociable de l'ampleur éducative, qu'elle délaisse enfin la fascination pour l'idole-pouvoir.

C'est également un livre qui renvoie à la définition dynamique de la vérité (tentative de dire une chose le plus adéquatement possible). Certes, il y a le passé, le tribunal intérieur traquant les erreurs, pris au piège de l'amertume et de la nostalgie. Mais la vérité reste d'abord une histoire d'avenir qui sert à se projeter. Elle est un socle pour construire et non pas réparer. Il y a l'incurable et il y a la dimension intrinsèque de la vérité, celle du bâtir. Cet ouvrage s'inscrit dans la suite de mon travail sur l'irremplaçabilité de l'individu dans la régulation démocratique, un travail au croisement de la philosophie politique et de la psychanalyse faisant toujours le lien entre l'individu et le collectif, un travail sur les dysfonctionnements (l'entropie) de la psyché individuelle et collective. *La fin du courage* avait tenté de rappeler que le courage est une théorie du sujet, au sens où il fait surgir le sujet, jusque-là illusoire et fragmenté. Le courage est le premier outil de protection du sujet. Se protéger, s'autoconserver plutôt que commander. Au niveau collectif, la définition du courage se fait plus ordinaire encore, non pas s'extraire pour diriger, mais approfondir la conscience et la maîtrise de la gouvernance commune, non nécessairement consensuelle. Le dissensus est aussi un moment du commun. Le courage devient ainsi l'un des grands outils de régulation démocratique, fondant tout autant la *parrêsia* que la *common decency*. Son premier acte, c'est cette revendication toute silencieuse de l'irremplaçabilité du sujet. Nous ne sommes pas remplaçables. L'État de droit n'est rien sans l'irremplaçabilité des individus. L'enjeu est ici de comprendre comment l'individu, si décrié, protège la démocratie contre ses dérives entropiques. Faut-il encore comprendre ce que signifie « individu ». En fait, c'est la qualité du processus de subjectivation, l'individuation et non l'individualisme, qui protège la durabilité de la démocratie. La démocratie a souvent été étudiée comme le régime politique et la société qui accompagnent l'émergence de sujets libres. Il est important de comprendre comment l'individu peut, à son tour, œuvrer pour la durabilité démocratique. Ce n'est pas la normalisation, ni les individus piégés par cette normalisation, qui protègent la démocratie. Le fruit de la normalisation reste le fonctionnement fasciste ou populiste. S'opposer à l'entropie démocratique nécessite de réinvestir la qualification subjective, et cela nous renvoie aux figurations du « connais-toi toi-même ». J'en ai initié deux premières, l'*imaginatio vera* (comment l'imagination est une voie d'accès au Réel et à la connaissance), et le *pretium doloris* (comment la vérité est douleur et la pensée, rencontre avec le Réel). Elles ont été principalement traitées dans mes ouvrages précédents, même si j'y reviendrai dans celui-ci. La troisième figuration du « connais-toi toi-même » est le principe de la *vis comica* (la force comique, principe de déconstruction et de relativité, comme voie de sublimation). Donc expliciter la *vis comica,* au niveau individuel et collectif. Cela renvoie à une réflexion sur les conditions de légitimité de l'exercice du pouvoir politique. Le secret du pouvoir n'est-il que l'usurpation ? Le pouvoir est-il un dogme ? Une religion continuée ? Peut-on se passer d'une telle notion en démocratie, faut-il inventer un autre mode de gouvernance ?

Ainsi, *Les irremplaçables* traite de deux hypothèses, qui elles-mêmes agencent une dialectique : d'une part, en quoi l'individuation est-elle protectrice de l'État de droit ? Pour étudier le fonctionnement contemporain de la démocratie, le modèle heuristique, articulant individuation et démocratie, tel un ruban de Moebius, peut nous aider à saisir sa spécificité actuelle, et comment il permet de produire des résistances aux processus entropiques. D'autre part, le pouvoir est-il la continuation de la religion par d'autres moyens ? Certes, verbaliser l'ineptie du pouvoir ne suffit pas. Pourtant, c'est là sans doute le fondement de toute verbalisation où le langage n'est plus une monnaie d'échange[1], une novlangue au service du simulacre. Sans cette verbalisation, sans cette possibilité qui édifie un peu d'événement face au

1. « La folie, c'est en quelque sorte un langage qui se tient à la verticale, et qui n'est plus la parole transmissible, ayant perdu toute valeur de monnaie d'échange. [...] Il est normal que les écrivains trouvent leur double dans le fou ou dans un fantôme », Michel Foucault, *Dits et Écrits (1954-1988),* t. II : *1970-1975,* Gallimard, 1994, p. 114.

Réel, que sommes-nous ? *Métaphysique de l'imagination*[1] racontait aussi cela, comment la littérature répond à l'exigence politique dont ne se soucie pas la politique. Blanchot a délimité cet espace « irréductible à aucun espace réel, écrit Foucault, qu'il s'agisse de l'espace social ou de celui du langage quotidien. On ne sait si le drame de l'écriture est un jeu ou un combat, mais c'est Blanchot qui a délimité, à la perfection, ce lieu sans lieu où tout cela se déroule. [...] Le fait que l'un de ses livres s'intitule *L'espace littéraire* et un autre *La part du feu* [...] semble être la meilleure définition de la littérature. [...] L'espace littéraire, c'est la part du feu. En d'autres termes, ce qu'une civilisation confie au feu, ce qu'elle réduit à la destruction, au vide et aux cendres, ce avec quoi elle ne pourrait plus survivre, c'est ce qu'il appelle l'espace littéraire[2] ». Si l'espace littéraire est la part du feu, c'est celle civilisationnelle. Quel retournement cette civilisation qui a confié au seul feu littéraire le soin de penser sa critique, comme pour mieux en faire des cendres. Qu'entendons-nous par pouvoir ? S'agit-il du pouvoir d'agir, assimilable à l'action ? S'agit-il de la simple influence sur autrui ? S'agit-il du rapport de force égalitaire ? Pouvoir quelque chose, ce serait sans doute cela. Mais le substantif, c'est autre chose. Ce n'est pas seulement un amont piégé, c'est un aval qui semble déjà joué. Foucault ne voulait pas

1. Cynthia Fleury, *Métaphysique de l'imagination*, éditions d'écarts, 2000.

2. Michel Foucault, *op. cit.*, p. 123.

assimiler pouvoir et domination. Il est vrai que le lien entre « dominer » et « la domination » est plus lisible : lorsque je « peux » quelque chose, je ne « domine » pas nécessairement. Pour différencier le pouvoir de la domination, Foucault a pu évoquer les relations conjugales traditionnelles des sociétés du XVIIIe et du XIXe siècle : « On ne peut pas dire qu'il n'y avait que le pouvoir de l'homme : la femme pouvait faire tout un tas de choses : le tromper, lui soutirer de l'argent, se refuser sexuellement. Elle subissait un état de domination, dans la mesure où tout cela n'était finalement qu'un certain nombre de ruses qui n'arriveraient jamais à renverser la situation. Dans ces cas de domination – économique, sociale, institutionnelle ou sexuelle –, le problème est en effet de savoir où va se former la résistance[1]. » Ni le pouvoir ni la domination n'empêchent la résistance : ils la suscitent tout autant qu'ils la brisent. Inverser un rapport de force, ce n'est nullement avoir le pouvoir. En démocratie, « le lieu du pouvoir est vide », synthétisait Claude Lefort. Du moins, cherche-t-elle à le laisser vide. « Le processus de la désincorporation et de la désintrication du pouvoir, du savoir, et de la loi, constituent la principale mutation symbolique des temps modernes[2]. » Comment comprendre la formulation de Lefort ?

1. Michel Foucault, *Dits et Écrits (1954-1988)*, t. IV : *1980-1988*, Gallimard, rééd. 1994, p. 720.

2. Claude Lefort, « La dissolution des repères et l'enjeu démocratique », *Le Temps présent, Écrits 1945-2005*, Belin, 2007.

Faut-il poser que l'État de droit est fondé du fait même que le lieu du pouvoir est vide, comme s'il était fondé sur la kénose du pouvoir ? Ou faut-il, très différemment, concevoir que l'État de droit est une abolition symbolique de la notion de pouvoir ? Parler de « pouvoir », évoquer le « pouvoir » d'une personne, d'une organisation, d'une institution, c'est, par la reconnaissance d'un tel terme, valider une certaine mystique, une puissance de contrainte déjà psychique, avant même qu'elle confirme sa dimension physique. Certes, le pouvoir n'est nullement holistique. Personne n'a le pouvoir total. Encore une fois il ne s'agit pas de déconstruire cette vérité-là. Il s'agit d'interroger sous la formulation substantive, si quotidienne, du pouvoir, le type de simulacre qui est en œuvre pour précisément empêcher un autre agir, celui du pouvoir (dans sa forme verbale). Qu'est-ce qu'on cherche à raconter lorsqu'on parle du « pouvoir » ? S'agit-il d'un mythe ? S'interroger sur l'individuation, c'est immanquablement s'interroger sur la nature du pouvoir et le mensonge qu'il sous-tend. *S'individuer*, devenir sujet, nécessite de sortir de l'état de minorité dans lequel on se trouve, naturellement et symboliquement.

INDIVIDUATION
ET IRREMPLAÇABILITÉ

LES FIGURES DE L'INDIVIDUATION (I) : *GNÔTHI SEAUTON* ET *MÊDEN AGAN*

Le « connais-toi toi-même » (*gnôthi seauton*) du fronton delphique ne signifie nullement l'introspection égocentrée. Bien au contraire, il est immédiatement ouvert dans la mesure où il fait de l'autre – de l'autre âme – la condition de l'autonomie de la première. « Connais tes limites » semble dire l'adage, connais déjà l'ampleur de ton manque puisqu'il s'agit de reconnaître en retour la place de l'autre dans ta quête cognitive. Qui peut accueillir l'autre s'il n'a déjà opéré cette reconnaissance de la frontière qui le constitue à la fois comme corps et comme âme ? L'individu n'est pas tout-puissant. Il est résolument fini. Il n'est que frontière, ligne au-delà de laquelle il se fantasme, ligne en deçà de laquelle il se déçoit. Alors porter le regard vers l'autre et l'horizon du monde l'aide à ne pas sombrer dans le miroir de son âme. « Connais-toi toi-même », c'est déjà savoir que je ne pourrai pas être seul sur le chemin de ce savoir.

Que la connaissance suppose déjà de s'éloigner de soi et que le décentrement demeure un souci de soi. « Connais-toi toi-même » équivaut à savoir que « tu n'es pas monde ». Les dialogues platoniciens montrent d'ailleurs un Socrate qui s'attarde finalement très peu sur la description de ce qu'il est. Socrate, c'est d'abord un regard sur le monde et le désir d'aimer, l'érotique platonicienne permettant d'articuler la transmission et l'amour. Connaître, c'est d'ailleurs se souvenir. Et la réminiscence inaugurale platonicienne est celle contée par Aristophane dans *Le Banquet*. La connaissance sera le symbole de l'autre, de cette unité originelle qui n'est plus. « La nature humaine était primitivement bien différente de ce qu'elle est aujourd'hui. D'abord, il y avait trois sortes d'hommes, les deux sexes qui subsistent encore, et un troisième composé des deux premiers et qui les renfermait tous deux : il s'appelait androgyne ; [...]. Jupiter examina avec les dieux ce qu'il y avait à faire dans cette circonstance. [...] Je crois avoir trouvé, dit-il, un moyen de conserver les hommes et de les rendre plus retenus, c'est de diminuer leurs forces : je les séparerai en deux ; par là ils deviendront faibles ; et nous aurons encore un autre avantage, qui sera d'augmenter le nombre de ceux qui nous servent[1]. » Ainsi, porter un regard de vérité sur soi, c'est se souvenir de cette scission primitive, savoir que l'on ne fera jamais unité seul. Connaître, c'est se souvenir, au sens aussi où connaître c'est choisir ce que l'on n'oubliera pas.

1. Platon, *Le Banquet*, 189e-190d.

Le fronton delphique recèle d'autres devises à l'intention des hommes. « Rien de trop » (*Mêden agan*) est l'implicite même de la limite. Pas seulement une valeur éthique et sociale mais une valeur intellectuelle qui sait qu'elle ne sait rien. Foucault retient une interprétation plus pragmatique encore, celle de Roscher : « Toi qui viens consulter, ne pose donc pas trop de questions, ne pose que les questions utiles, réduis à ce qui est nécessaire les questions que tu veux poser[1]. » Dans une version plus aristotélicienne, la mesure se fait *juste mesure* et retrouve sa parenté avec l'immensité, l'exigence de la justice étant infinie. « Rien de trop » est aussi l'obligation de la non-posture. Il ne s'agira pas de mettre en scène soi-même et son savoir. Veiller à ne pas faire de soi un histrion est un défi permanent. Et les moins soupçonnables de l'imposture ne sont pas nécessairement ceux que l'on croit. « Je ne connais rien de plus perfide que la plaisanterie qu'Épicure s'est permise à l'égard de Platon et des platoniciens ; il les a appelés *Dionysiokolakes*. Cela veut dire d'abord et selon l'étymologie "flatteurs de Dionysios", acolytes de tyran, vils courtisans ; mais cela signifie encore "un tas de *comédiens*, sans ombre de sérieux" (car *Dionysiokolax* était une désignation populaire du comédien)[2]. » L'affectation n'est

1. « Weiteres über die Bedeutung des E zu Delphi und die übrigen *grammata Delphika* », von W. H. Roscher, *Philologus*, 60, 1901, pp. 81-101, cité *in* Michel Foucault, *L'Herméneutique du sujet*, cours au Collège de France 1981-1982, Gallimard/Seuil, 2001, p. 5.

2. Nietzsche, *Par-delà bien et mal* (1886), I, 7.

pas l'attention. Philosopher, ce sera toujours destituer le simulacre. La sophistique n'est qu'une affectation de la mesure. Sa motivation première reste le pouvoir, précisément le « tout en trop » et, si l'on en croit Calliclès, celui de contourner légalement la loi qui s'est faite le censeur de la nature. « Les lois sont faites pour les faibles et par le grand nombre. C'est pour eux et dans leur intérêt qu'ils les font et qu'ils distribuent les éloges ou les blâmes ; et, pour effrayer les plus forts, ceux qui sont capables d'avoir l'avantage sur eux, pour les empêcher de l'obtenir, ils disent qu'il est honteux et injuste d'ambitionner plus que sa part et que c'est en cela que consiste l'injustice, à vouloir posséder plus que les autres. » La sophistique rétablit ainsi – selon ses dires – la justice naturelle, celle des forts selon lesquels les réminiscences delphiques sont des farces. Pour s'extraire des voies du mensonge (Calliclès) et du mythe (Aristophane), il fallait bien que la philosophie se révèle le mode de véridiction critique, celui-là même qui s'interroge sur les conditions de possibilité de la connaissance et sur le cadre relationnel qu'elle suppose. Pour avoir invité ses juges à se soucier d'eux-mêmes avant de se soucier des affaires de la cité, Socrate est condamné. « Ayez soin de vous-mêmes », répète-t-il encore à Criton lors de leur dernière veillée. Sans doute ne suppose-t-il pas la dimension transgressive de sa maxime. Il ne voit pas encore que le souci de soi – cette volonté de prêter attention à soi et de trouver dans l'autre son viatique – fonde le socle d'une relation plus égalitaire, bien qu'asymétrique entre les hommes.

Le maître et le disciple sont en effet égaux au sens où ils se reconnaissent dignes l'un de l'autre, le premier pour donner l'enseignement, le second pour le recevoir. Pour autant, leur relation est asymétrique. Poser le « souci de soi » au fondement de l'individu, c'est affirmer l'égalité comme cadre relationnel.

LES FIGURES DE L'INDIVIDUATION (II) : *IMAGINATIO VERA*

De manière à ne pas réduire les préceptes delphiques à des recommandations prosaïques, il est possible de les subsumer sous la notion d'*imaginatio vera* (de Paracelse à Corbin)[1]. En apparence, rien de commun. En apparence seulement. Car l'*imaginatio vera* est un mode de véridiction qui a pour pierre de touche l'ouverture à l'autre, au monde, à la vision intuitive. À moins que ce ne soit l'inverse, l'accès à une vérité qui se situe toujours au-delà d'un voyage, d'une itinérance à travers les mondes, céleste et terrestre. L'*imaginatio vera* est la faculté des seuils, qui traverse

1. L'*imaginatio vera*, littéralement l'imagination vraie, est un mode de connaissance, à différencier de l'imaginaire, très présent dans la tradition néoplatonicienne, renaissante et alchimiste. À l'inverse de la puissance fantasmatique, la faculté imaginative ou imaginale (Corbin) est noétique, éthique et créatrice. Elle est pour l'âme le mode d'accès au Réel. Voir Cynthia Fleury, *Métaphysique de l'imagination* (éditions d'écarts) et *Imagination, imaginaire, imaginal* (PUF), pour un état de l'art de la notion.

les frontières du sensible et de l'intelligible et qui conduit la progression éthique d'un individu. En deçà de la connaissance intellectuelle, la pierre de touche du Réel, et de l'un de ses modes d'accès, le présent ou plutôt l'acte de présence, cette connivence de la rencontre entre soi et le monde. On retombe sur le « connais-toi toi-même », dans une version plus dynamique encore, dans la mesure où elle fait l'épreuve de la singularité de l'acte de présence, ici et maintenant. « Ne manquez pas votre unique matinée de printemps », écrit Jankélévitch, en faisant écho à la formule de Pittakos le Sage, « connais l'instant », « connais l'occasion » (*kairon gnôthi*). L'allusion au printemps n'est pas neutre dans la mesure où elle évoque la régénérescence. Le printemps est cette saison dont l'allure est celle des matins perpétuels. C'est l'éveil en soi. Telle est aussi l'*imaginatio vera*, une forme de *cognitio matutina*. La connaissance du matin reste une connaissance en alerte. Elle est susceptible de saisir ce qui ne vient pas de l'individu. Il n'est nullement passif pour autant. Il est précisément éveillé. Le « connais l'instant » signe ce pacte de la philosophie avec la vie, plus encore qu'avec la connaissance. L'instant à saisir, c'est l'obligation éthique de l'engagement pour l'homme. Il ne suffit pas de l'espérer. Il faut le créer. L'instant est par nature manquant. Il redit la même histoire inaugurale du « connais-toi toi-même » qui scelle notre insuffisance. « L'occasion est au bord du sentier[1]. » Connaître nécessite le passage par

1. Vladimir Jankélévitch, *Le Je-ne-sais-quoi et le Presque-rien*,

la forme pronominale pour advenir en tant que tel. Il n'y a pas d'accès à la connaissance pour celui qui n'est pas prêt à l'introspection, et donc au changement. Proche de la notion d'*imaginatio vera*, celle de *vis formandi*[1] nous rappelle, quant à elle, le rôle tenu par l'imagination dans les collectivités humaines comme chez les êtres singuliers. Castoriadis en a fait la puissance de création, la faculté constitutive du champ social-historique, celle qu'il nomme « l'imaginaire social instituant[2] ». Le *logos* (la Raison, la Parole), la *polis* (la Cité) sont des méta-institutions symboliques dans la mesure où elles ouvrent le champ du symbole et traversent tout ce qui fait institution et société pour l'homme grec. Il n'y a pas d'homme grec qui ne s'édifie à l'aune de l'absence d'une cité. Être un homme, c'est symboliser par-devers soi la cité, celle d'où l'on est issu, celle que l'on réforme et dont on poursuit l'institution. La modernité a peut-être cru pouvoir séparer l'édification des hommes de celle des cités, comme si l'homme pouvait s'édifier hors d'un tel imaginaire instituant. Mais qu'est-ce qu'un homme sans la cité ? Se sent-il encore un homme, celui qui est issu d'une errance ? Nos villes sont-elles encore des cités au sens grec, qui édifient l'homme comme une partie d'elles-mêmes ? Ce que la maxime de Pittakos

---

t. I : *La Manière et l'Occasion* (1980), Seuil, « Points Essais », 1981, p. 144.

1. La *vis formandi*, littéralement la force créatrice, la puissance formelle, créatrice de formes, de vie, animant la matière.

2. Cornelius Castoriadis, *Les Carrefours du labyrinthe*, t. VI : *Figures du pensable*, Seuil, 1999, p. 94.

enseigne, plus directement encore que la maxime delphique, c'est l'expérience du temps. Cette part du Réel, que le second précepte rend plus théorique, c'est la rencontre avec la notion du temps, et avec son caractère implacable. « Le temps est irréversible de la même manière que l'homme est libre[1]. » Autrement dit, le temps s'ouvre sur la nécessité même de l'individuation. Le temps ne délivrera son sens qu'à celui qui poursuit le travail d'individuation. Ce travail fait toute sa liberté. Si l'espace peut donner l'illusion d'une véritable liberté quant au « comment » l'individu entend la vivre, ici ou là, le temps ne fournit pas une telle illusion, dans la mesure où il est irréversible. « Le temps est toujours à l'endroit, même quand il est à l'envers, même quand le devenir semble marcher à rebrousse-temps[2]. » Une liberté qui ne saisit pas l'instant qui lui est présenté est une liberté disparue, définitivement manquante. Certes, d'autres occasions se présenteront, mais nullement similaires. L'irréversibilité du temps donne ainsi à l'individuation de l'homme sa dimension irréversible. Ne pas saisir l'instant pour cheminer vers soi, ne pas articuler le « connais l'instant » avec le « connais-toi toi-même », c'est manquer la possibilité de l'individuation, l'ajourner pour une venue plus improbable encore. Les rencontres avec soi-même sont rares. Elles ne sont nullement de l'ordre du déclic. Connaître l'instant, c'est prendre

1. Vladimir Jankélévitch, *L'Irréversible et la Nostalgie* (1974), Flammarion, « Champs Essais », rééd. 2011, p. 7.
2. *Ibid.*, p. 127.

acte de la nécessité de la rencontre avec le désir propre, cet étranger des cimes. Il n'y a pas d'instant à saisir ou à rater mais il y a à saisir la gravité de ce que contient l'instant, à savoir la dynamique d'individuation. « L'homme est tout entier devenir, et n'est que cela ; et comme le devenir lui-même est tout irréversibilité, il s'ensuit que l'homme entier est tout entier irréversibilité[1]. » L'homme n'est que l'individuation qu'il tente. À trop rester hors de cette tentative, il perd l'accès à sa propre humanité. Le « connais l'instant » forme la vérité empirique, proactive, du « connais-toi toi-même », comme s'il s'agissait d'être au-devant, de provoquer la connaissance, de ne pas être dans l'attente passive ; l'accueil étant d'ailleurs une attente active de la connaissance. Partant, l'autre nom de l'individuation est l'engagement, cet agir de l'implication personnelle. Comprendre la nature du temps, c'est faire un pas vers l'individuation, en prenant acte de la qualité de présence qu'un individu doit au monde. Cette qualité de présence ne relève pas de l'exceptionnel. « Aller de l'avant », tel pourrait être l'adage, non au sens de nier le passé, mais au sens de déployer le devenir que l'on est irrémédiablement. Ne pas enrayer le processus d'individuation ; la maxime de l'action relève presque de la tautologie : non pas faire l'impossible, mais « oser faire ce qu'effectivement on peut faire[2] ». Cette simple action engage le courage de l'individuation, celui-là même qui ne fait pas de celle-ci un

1. *Ibid.*, p. 8.
2. *Ibid.*, pp. 242-243.

simple projet rhétorique. Le véritable agir donne au temps la définition qu'il doit revêtir pour l'homme, un temps qui fait advenir une part d'individuation. Rien d'exceptionnel que ce défi-là. Et pourtant, le combat pour faire advenir ce temps pour soi n'est pas gagné d'avance. Ce temps où se définit le propre de l'homme n'est nullement rare en soi. Mais il est l'objet du pouvoir par excellence, ce qui sera capté par la domination pour préempter précisément la condition de possibilité d'une individuation digne de ce nom. Sénèque nous recommande de tenir la comptabilité des jours[1] pour comprendre la valeur de l'irréversibilité et de son incitation à l'engagement personnel. Ce temps, tout entier, il faudra le consacrer à la déconstruction du pouvoir et, de fait, à l'avènement de ce travail qu'est la liberté. Ce temps, c'est celui de la *scholè*[2], cet inestimable temps du *loisir* d'étudier. Ce temps dont l'inestimable prix fait toute la valeur et la convoitise de ceux qui ont l'illusion d'être puissants et qui veulent faire perdurer l'illusion précisément par sa captation. Le temps, siège de l'irréversible, contient les germes de l'irremplaçabilité. Nier sa possibilité, c'est enrayer le processus d'individuation, scinder l'individu lui-même. Le rendre errant, avant de tenter d'en faire une machine non perturbée par l'errance.

1. Vladimir Jankélévitch, *La Mort* (1966), Flammarion, « Champs », rééd. 1999, pp. 94-95.

2. Des liens immémoriaux entre la *scholè* grecque (loisir) et la *schola* latine (école).

Le pouvoir n'est pas le seul à dénaturer le temps. Il n'y a pas que l'aliénation sociale qui tente de confisquer le temps. L'aliénation psychique est une autre forme de confiscation, et qui prend parfois les allures d'une *passion pour le temps*. Prenons la nostalgie, elle n'est nullement synonyme d'individuation, bien au contraire. Certes, la grande aventure ulysséenne n'a ni l'apparence, ni la violence, du délire psychotique. On pourrait croire qu'elle confine à l'avènement d'un sujet, décanté de toute forme d'aliénation. Et, pourtant, la nostalgie se nourrit d'une impossibilité structurelle, et n'est pas si dégagée que cela de l'aliénation. Il n'y a pas déni mais il existe néanmoins dans ce sentiment comme une jouissance du refoulement : jouir du fait que l'on n'arrive pas à se dégager du temps passé ; à chaque fois qu'un futur advient, lui accoler l'aura d'un passé qui dissipe son pouvoir d'immanence. Le spleen est la version moderne de la complaisance à la brume. Et celle-ci ne forme pas le principe de réalité dont a besoin l'individuation pour s'édifier. Faire perdurer la jouissance est antinomique de l'individuation dans la mesure où la jouissance ne perdure qu'à la condition de nier le Réel de la finitude et de l'irréversibilité. La joie est dissemblable de la jouissance précisément par son appétence du Réel. En quoi la passion nostalgique empêche-t-elle l'individuation ? Dans la mesure où elle manque la nature irréversible du temps. Il n'y a pas d'*à rebours* possible. Ce savoir-là constitue la spécificité de l'individuation. Le nostalgique croit regretter son passé mais rien de tel. Projeté dans son passé, il regretterait autre chose encore. Ulysse en fait l'amère expérience. Chez Circé, chez Calypso, il pense à Pénélope et à son île. Mais une fois rentré chez lui, l'Odyssée occupe son esprit. « Quelle est cette inquiétude qui déjà porte l'insulaire au-delà de son île[1] ? » interroge Jankélévitch. Le nostalgique est à jamais un exilé. Et il s'agit moins d'un exil spatial que d'un exil temporel. Car ce qui est regretté c'est tel pays à l'instant « t », ou plutôt c'est l'instant « t », à jamais manquant de tel pays. La vérité de l'exil, ce n'est pas l'espace qui n'est plus, mais le temps qui ne permet plus le retour. Il n'y a d'exil que parce qu'il y a de l'irréversible. L'odyssée d'Ulysse ne conte pas l'individuation d'Ulysse, elle conte son impossible individuation, le fait qu'il tourne sur lui-même, croyant tourner autour de son île. « Il y a nostalgie quand c'est le regret lui-même qui rend le regretté regrettable… Ce n'est pas le regrettable qui est ici regretté (car il n'y a peut-être rien à regretter), c'est le fait arbitraire, déraisonnable, et même irrationnel de la passéité en soi[2]. » Ulysse, c'est la passion de la soumission qui se pare des couleurs de l'aventure. Surtout ne pas assumer la nature véritable de l'aventure humaine. S'illusionner tant qu'on peut sur la nature divertissante de l'existence. Inaugurer l'Odyssée pour ne pas concevoir sa propre capacité de subjectivation, faire qu'elle lui échappe encore et encore. C'est

1. Vladimir Jankélévitch, *L'Irréversible et la Nostalgie*, *op. cit.*, p. 359.
2. *Ibid.*, p. 353.

là son intelligence. C'est là son insuffisance. Ce « nom qui est personne » est une belle ruse face au Cyclope mais elle est le pendant d'une individuation en arrêt. « A-t-on remarqué que lorsqu'Ulysse répond : personne (en grec : *outis* ou bien *oudeis*), c'est son propre nom (*Odysseys*) qu'il déforme à peine ? », souligne Lacoue-Labarthe[1]. L'Occident inverserait-il la question – celle du sujet – qui a été la sienne depuis toujours ? Qui vient après le sujet ? demande l'auteur. Dorénavant, n'y aura-t-il personne plutôt que quelqu'un ? Alors, revenu au pays, le problème du manque d'individuation ne cessera pas. Bien au contraire, il se réveille plus fort encore. Après l'immense voyage, la déception prospère. Que s'est-il passé pendant toutes ces années pour que le regret l'emporte sur l'expérience ? Que ne s'est-il pas passé ? La rationalité ulysséenne lève le voile sur son propre vide. Le « mal du pays » est un mensonge pour éviter d'inventer sa vie hors de toute tutelle. Il n'y a d'Odyssée que parce que Ulysse croit dans les dieux et en son royaume. Finalement, le fruit de la religion et du pouvoir reste l'errance. Ce n'est pas elle qui les provoque. À l'inverse, provoquer le sentiment d'errance est le défi du pouvoir et de la religion. Le provoquer pour mieux se proposer comme remède. Mais la puissance de l'individuation est, semble-t-il, plus forte encore. Il n'y aura sans doute aucune plénitude chez l'Ulysse qui a retrouvé son île. Qui sait si la déception restera

1. *La Réponse d'Ulysse et autres textes sur l'Occident*, Éditions Lignes, 2011, édition posthume.

la trace d'une individuation possible ? Pour cela, tout roi soit-il, il lui faudra parvenir à expérimenter la vie hors de la tutelle symbolique du pouvoir.

Découvrir l'individuation, c'est saisir la folie du pouvoir, qu'il soit idée ou réalité. « Assurément on peut dire que le fou se croit autre qu'il n'est, comme le retient la phrase sur *"ceux qui se croient vêtus d'or et de pourpre"* où Descartes se conforme aux plus anecdotiques des histoires de fous [...]. Mais [...] si un homme qui se croit un roi est fou, un roi qui se croit un roi ne l'est pas moins. Comme le prouvent l'exemple de Louis II de Bavière et de quelques autres personnes royales, et le "bon sens" de tout un chacun, au nom de quoi l'on exige à bon droit des personnes placées dans cette situation "qu'elles jouent bien leur rôle", mais l'on ressent avec gêne l'idée qu'elles "y croient" tout de bon, fût-ce à travers une considération supérieure de leur devoir d'incarner une fonction dans l'ordre du monde, par quoi elles prennent assez bien figure de victimes élues. Le moment de virage est ici donné par la médiation ou l'immédiateté de l'identification, et pour dire le mot, par l'infatuation du sujet. Pour me faire entendre, j'évoquerai la sympathique figure du godelureau, né dans l'aisance, qui, comme on dit, "ne se doute de rien", et spécialement pas de ce qu'il doit à cette heureuse fortune. Le bon sens a la coutume de le qualifier selon le cas de "bienheureux innocent" ou de "petit c..tin". Il "se croit" comme on dit en français : en quoi le génie de la langue met l'accent où il le faut, c'est-à-dire non pas sur l'inadéquation d'un attribut, mais sur un mode du verbe, car le sujet se croit en somme ce qu'il est[1]. » Avec la définition lacanienne de la folie, on est au cœur de ce qui fait la démesure de la société, son manque crucial de jugement vis-à-vis de ses présupposés, au cœur de la ronde sociale qui façonne le Réel jusqu'à le faire disparaître, tant la théâtralisation sans talent qu'elle opère précède et clôt tout phénomène. Le roi partage avec le fou ce manque de distance par rapport à lui-même, le fait d'avoir oublié la vérité symbolique qui détermine tout humain, à savoir sa finitude, son manque originel et son destin d'atomisation.

LES FIGURES DE L'INDIVIDUATION (III) : *PRETIUM DOLORIS*

Deuxième grande séquence du processus d'individuation, le *pretium doloris*[2] ou la question du prix de la douleur, à entendre comme ce que l'homme est prêt à payer et à connaître comme risques pour accéder au Réel, et aux formes de vérité qu'il suppose. Le procès de Socrate en est le témoignage définitif. Connaître et se connaître impliquent d'être en risque. De nouveau, nullement celui de la posture. Simplement celui de se tenir face au Réel et de faire l'épreuve de

1. Jacques Lacan, « Propos sur la causalité psychique », *Écrits*, t. I, Seuil, 1966, pp. 170-171.

2. Littéralement le prix de la douleur. Voir *Pretium doloris*, Pauvert, 2003, pour un état de l'art de la notion.

sa prééminence, si ce n'est celle de son fracas. Dans sa version intériorisée, c'est l'épreuve de cet « aiguillon planté dans la chair des hommes », qui est un « principe d'inquiétude permanent au cœur de l'existence[1] », qui fonde et la valeur et la densité du souci de soi. Autre procès emblématique du risque à courir, celui de Jésus, et ni plus ni moins la référence que choisit Nietzsche dans son dernier ouvrage, le plus personnel, *Ecce homo*. Telle est la sentence proférée par Ponce-Pilate lorsque Jésus paraît sur sa croix[2]. « Voici l'homme », simplissime sentence pour dire la nudité de celui qu'on livre au supplice, sans raison aucune, si ce n'est celle de la résistance spirituelle. Il pense autrement, propose une autre manière de vivre et d'aimer, d'une non-violence telle qu'elle est subversive. Nietzsche aussi renverse la vision tranquille que l'on peut avoir du philosophe. En cela, l'opinion méconnaît le risque de penser et voit dans le décentrement de ce dernier l'occasion de fuir le monde réel. « Aujourd'hui, lorsqu'on entend dire de quelqu'un qu'il vit "en sage" ou "en philosophe", l'éloge ne signifie guère plus que ceci : "c'est un homme avisé et prudent, qui se tient à l'écart". Pour le populaire, la sagesse est une espèce de fuite, un moyen et un art de tirer son épingle d'un jeu dangereux ; mais le vrai philosophe – n'est-ce pas notre sentiment mes amis ? – mène une vie "non philosophique" et "non sage", avant tout une vie imprudente ; il assume

1. Michel Foucault, *L'Herméneutique du sujet*, *op. cit.*, p. 9.
2. Évangile de Jésus-Christ selon saint Jean, 19,5.

le fardeau et le devoir des cent tentatives, des cent tentations de la vie : il se risque continuellement lui-même, il joue le jeu dangereux[1]. » Le philosophe n'est pas « un savant pour les brebis » dont la sagesse a l'odeur du « marécage »[2]. Avoir le courage de courir un certain type de risques relève de la nature du philosophe. Il n'y a nulle velléité doloriste. Il ne s'agira pas de risquer sa vie pour faire croire à sa valeur. Mais, « le service de la vérité est le plus rude des services[3] », hors de tout théâtre. Le plus rude : parce qu'il blesse la volonté faible, parce qu'il sert la réalité qui fait rouler dans le néant les illusions « hédonistes » du principe de plaisir de l'idéalisme, parce qu'il fait souffrir « ceux qui veulent s'échapper de la réalité par le mensonge [...]. Le service de la vérité est le plus rude des services, parce qu'il relève de l'*amor fati,* il vise l'affirmation de la réalité qui brise ceux qui en souffrent et pour lesquels la seule issue est d'y échapper par le mensonge, par l'idéalisme. Si ce service est "rude", et non pas simplement difficile, exigeant, noble, exaltant, sublime, c'est parce qu'il impose une ascèse, un travail des pulsions contre le principe de plaisir, le refus de l'abandon aux "sirènes" et à la "Circé" de la décadence, de l'idéalisme, du christianisme et de la morale. Il est "dur" parce qu'il est risqué, comme l'audace d'Œdipe est une "monstrueuse

1. Nietzsche, *Par-delà bien et mal,* § 205.
2. Nietzsche, *Ainsi parlait Zarathoustra* (1883), II, « Des vertueux », Mercure de France, rééd. 1903.
3. Nietzsche, *L'Antéchrist,* § 50.

abomination contre nature" face à la Sphinx[1] ». Ce service n'est autre que l'épreuve du Réel, l'absence d'échappatoire qu'il représente, la fin du mensonge. Le *pretium doloris* définit cette séquence où l'homme cesse de se mentir. Accéder à la vérité est une entreprise improbable d'autant qu'elle confine souvent à sa transformation en dogme. L'important n'est pas là. Ce qui est déterminant, c'est que le mensonge n'a plus de prise sur l'individu. Il échappe enfin à la falsification qui a eu jusqu'alors tant de prise sur sa vie. La vérité est affaire de futur, avons-nous écrit. En ce sens, elle est une boussole d'individuation comme d'autres d'orientation. Elle est un socle sur lequel s'appuyer pour approfondir cette tentative de subjectivation. Ce n'est pas une vérité qui s'échange avec autrui, qui donnerait lieu à une quelconque comparaison. C'est l'appréhension d'une mesure propre ; non qu'elle ne puisse servir à autrui, mais ce n'est pas là son enjeu. Sur cette vérité, le Nom-des-Pairs[2] se brise. Le *pretium doloris*, c'est l'instant où l'emprise du Nom-des-Pairs se brise.

1. Éric Blondel, « La "psychologie de la foi" chez Nietzsche : *L'Antéchrist*, § 50, et *Ecce homo*, "Pourquoi je suis un destin", § 7 », *Revue philosophique de la France et de l'étranger*, 2006/4, t. CXXXI, pp. 421-436.

2. Si l'instance du « Nom du Père » signifie traditionnellement dans la psychanalyse ce qui ordonne et interdit, soit la figure du Père, qui dit non (Lacan), et par ces résistance et séparation, symbolique et réelle, instaure un sujet, le Nom-des-Pairs, quant à lui, en est la version pervertie, car il ne s'agit plus ni de l'autorité, ni de l'autoritarisme du Père, mais de la dictature des Pairs, incarnant un nouvel avatar de la horde primitive.

LES FIGURES DE L'INDIVIDUATION (IV) : *VIS COMICA*

Troisième séquence du processus d'individuation, la *vis comica*[1]. L'interpellation socratique a souvent servi de modèle à l'ironie, dans la mesure où elle pouvait témoigner d'un mordant. La force comique n'en est pas exempte mais désigne également autre chose : une force métamorphique, révolutionnaire, qui renverse une situation sans faire tomber personne pour autant. Magie de la prouesse, tout le monde a la tête à l'envers et découvre par l'effet de déplacement produit une connaissance libératrice. Réduire la *vis comica* à la farce est insuffisant. La réduire à de l'autodéfense, également. « Aucun doute ne subsiste : l'essence de l'humour réside en ce fait qu'on s'épargne les affects auxquels la situation devrait donner lieu et qu'on se met au-dessus de telles manifestations affectives grâce à une plaisanterie [...]. L'humour ne se résigne pas, il défie, il implique non seulement le triomphe du moi, mais encore du principe du plaisir qui trouve ainsi moyen de s'affirmer en dépit de réalités extérieures défavorables[2]. » Certes, l'humour peut s'avérer un principe d'autoconservation permettant d'affronter le Réel sans en ressentir la pénibilité mais sa fonction créatrice dépasse cette seule aptitude. Il est

1. Littéralement la force comique, la capacité de provoquer le rire.

2. Freud, *Le Mot d'esprit et ses rapports avec l'inconscient* (1905), Appendice « De l'humour ».

résolument ce « sublime à l'envers », écrit Jankélévitch, qui permet d'accéder au présent par le viatique de l'absence : j'y suis, là, dans la réalité, à étreindre la réalité, mais la distance ironique amortit le coup du Réel, j'y suis sans y être ; j'ai affronté le Réel mais j'ai échappé à sa terreur possible ; au front, et peut-être épargné. Car il ne s'agit nullement de fuir, la confrontation avec le Réel est totale mais… transposée ailleurs. « Ironiser […] c'est s'absenter : la conscience impliquée dans le second mouvement de l'ironie transforme la présence en absence ; elle est le pouvoir de faire autre chose, d'être ailleurs, plus tard ; *aliud et alibi*[1] », c'est l'ultime économie de l'attention. L'attention au Réel, celui qui nous blesse comme celui qui nous ravit. C'est le décryptage de la figure de l'autre, ce qui toujours est apte à déconstruire le discours du maître. C'est l'égalité au sens humble du terme, le sentiment de sa propre minorité sans jamais devenir victimaire. C'est l'antithèse du pouvoir. La *vis comica* ne cherche pas à faire majorité. D'ailleurs, associée au phénomène majoritaire, elle devient une forme d'aliénation sociale, comme un instrument de pouvoir, des plus classiques. Dès lors, elle relève d'un autre cycle du pouvoir, qui ne dit pas son nom, mais qui étend lui aussi son petit empire. Elle est un dénigrement, une forme de misologie : on rit pour désavouer la culture, faire un croche-pied aux idées, se moquer des

1. Vladimir Jankélévitch, *L'Ironie* (1964), Flammarion, « Champs », rééd. 1999, p. 21.

intellectuels qui identifient l'action à la pensée. Dès qu'il est au service du pouvoir le ridicule perd de sa puissance de révélation. « Il ne faut point mettre un ridicule où il n'y en a point : c'est se gâter le goût, c'est corrompre son jugement et celui des autres ; mais le ridicule qui est quelque part, il faut l'y voir, l'en tirer avec grâce, et d'une manière qui plaise et qui instruise[1]. » Le fin mot de l'histoire, la *vis comica instruit*. Elle connaît le secret du pouvoir, son usurpation ; elle ne peut donc y participer. Elle n'est que le démembrement de la domination. Elle est le contraire de la complicité avec le mensonge. « L'ironie ne veut pas être crue, elle veut être comprise[2]. » L'affaire est donc entendue : nulle séduction n'est visée. *Un peu de vérité à l'état pur*, sans volonté d'en faire autre chose qu'un instant de présence au monde. Nulle guerre de croyance derrière. Nul édifice de pouvoir ensuite. De loin, sans doute, la figuration de l'individuation la plus difficile à atteindre. Car, une chose est d'être drôle et de faire rire autrui ponctuellement ; une autre, d'en faire la pierre de touche de son savoir, de sa vie, de son engagement. Si l'humour déstabilise autant, c'est parce qu'il échappe au pouvoir. Il ne croit pas en lui. Il refuse la normalisation qu'il propose. Il la décrédibilise. De nouveau ne pas fuir mais échapper. Le panoptique est omniprésent, l'humour semble impossible, et précisément

1. La Bruyère, *Les Caractères* (1688), Le Livre de Poche, rééd. 1985, p. 55.
2. Vladimir Jankélévitch, *L'Ironie*, *op. cit.*, p. 60.

il trouve la manière d'appréhender la pesanteur du Réel par sa capacité d'évasion, de quasi-effraction. En fait, il refait lien avec le Réel sur le dos de la réalité immédiate, physique, sociale et politique. Elle n'aura pas le dernier mot sur le monde. L'humour est un commencement. Le monde s'ouvre car le récit de l'origine est moqué et le mensonge mis à nu. C'est en cela que l'humour est un processus d'individuation car il fait de l'état de minorité précisément l'occasion de sa sortie. Il se fonde lui-même, hors de tout héritage et de place sociale. Il n'attend pas la société pour être reconnu. L'humour est révolution. « L'ironie met tout à l'envers [...]. Elle intériorise l'extérieur, extériorise l'intérieur, elle fait que les premiers deviennent les derniers et les derniers les premiers ; elle est, comme la dialectique d'Héraclite, l'échange de la vie et de la mort, l'interversion du jeune et du vieux[1]. »

L'humour est la trace du sujet avant même qu'il n'ait affirmé sa capacité de subjectivation. Il est le signe de l'esprit que nous faisons naître nous-mêmes. Citant Lipp, Freud écrit : l'esprit est « le comique absolument subjectif », c'est-à-dire le comique « que nous faisons naître nous-mêmes, le comique qui fait partie intégrante de notre activité, le comique en présence duquel nous nous comportons en sujet supérieur, mais jamais en objet, fût-ce même volontairement[2] ».

1. *Ibid.*
2. Th. Lipp (*Komik and Humor,* 1898) cité par Freud, *Le Mot d'esprit et ses rapports avec l'inconscient,* Introduction.

Chez Freud, le *witz*[1] fait écho au lapsus, à cette échappée du langage – directement connectée à l'inconscient – qui vient dire la vérité du monde au-delà des représentations que l'on s'en fait. Enfin nommer correctement les choses. Enfin redonner à la verbalisation son pouvoir d'initier une nouvelle histoire, celle de la sortie de l'état de minorité. Le *witz* a la capacité immédiate de faire lien. Et de faire analyse. Il est irrémédiablement pacte avec l'autre. En cela, il effraie le pouvoir qui n'est jamais qu'un type de circulation imposé aux hommes, un jeu où pour jouer il faut consentir à sa dimension victimaire. À l'inverse, si l'humour est un jeu, il est un jeu sans victimes, qui fait circulation sans user de la force.

L'humour n'est pas une imperméabilité au sublime. Certes, l'humour ne fait pas silence. Car, s'il use parfois de ce dernier, c'est pour mieux provoquer une prise de conscience et un rire. Au terme du rire, il y aura peut-être enfin le silence. Mais d'une manière générale, il ne fait pas silence. Il ne le fait pas sur ce qu'il voit et comprend. Il ne fait pas mensonge. Il a cette gravité de la non-complicité. Il est une affinité élective, mais sans compromission. La frontière est ténue, et seul un sourire peut l'assumer sans doute. L'humour, c'est l'aura d'un rire. Une forme de théorisation du rire. Déjà du discours, quand le rire reste un souffle. Un souffle devant le Réel et le vide qu'il dégage. Car le rire est aussi une forme de résistance à l'exercice spéculatif. Le pourquoi d'un rire

1. Littéralement le mot d'esprit.

a des allures de *sans pourquoi de la rose*[1]. Il est un « impertinent défi jeté à la spéculation philosophique[2] ». Une libération par rapport à l'émotion, car pour rire, il faut être détaché, être abandonné de tout temps, ou plutôt, savoir que l'on est abandonné de tout temps, que l'on a beau faire lien, tenter le lien chaque jour, la vérité est plus triste ou plus risible. « L'indifférence est son milieu naturel[3] », écrit Bergson. Chacun s'est surpris, un jour, à rire seul. C'est d'ailleurs la vérité du milieu du rire, la solitude. On ne rit pleinement que seul.

Partager un rire, c'est déjà autre chose. Ce n'est plus de l'indifférence. Cela peut être précisément l'inverse, la solidarité, la complicité ; mais déjà le début de la stigmatisation d'un autre homme si le rire est perverti, flirtant de trop près avec la vexation. Un rire trop majoritaire, et c'est le début de la fin. Chez Bergson, la troisième condition du rire, c'est que cette intelligence pure, comme il nomme le rire, doit rester en contact avec d'autres intelligences. Il a besoin d'un écho[4]. Certes, car isolé, on ne goûte pas le comique. Mais le comique est-il l'exclusif d'un rire ? Nullement. Rire pleinement, c'est rire sans se soucier de faire appartenance, sans chercher l'approbation de l'autre, et par son

1. « La rose est sans pourquoi, elle fleurit parce qu'elle fleurit, N'a pour elle-même aucun soin, ne demande pas : suis-je regardée ? », Angelus Silesius (1624-1677), *Le Pèlerin chérubinique. Description sensible des quatre choses dernières*.

2. Henri Bergson, *Le Rire* (1900), PUF, « Quadrige », rééd. 1940, p. 1.

3. *Ibid.*, 1940, p. 3.

4. *Ibid.*, pp. 4-5.

approbation, une forme de tutelle protectrice. Rire, c'est s'échapper. Or, l'on ne peut s'échapper de la société. Le rire en société, même si la société à deux n'est pas une société à quatre, qui n'est elle-même pas une société quantitativement supérieure, qui n'est elle-même pas une société cathodique, il n'empêche. Bergson l'anticipe lui-même. Le partage d'un rire, s'il est nécessaire au cœur de l'homme, ne l'est pas au rire lui-même. Il y a une forme d'objectivité totale du rire, mais qui ne souffre pas le soupçon de la connivence. Alors, oui, d'une certaine manière, on ne rit bien que seul. Même si Bergson souligne l'importance de l'écho dont le rire a besoin, il décrit par la suite une transformation de la finalité du rire. Soudain, le rire finit par avoir un *pourquoi*. « Écoutez-le bien : ce n'est pas un son articulé, net, terminé ; c'est quelque chose qui voudrait se prolonger en se répercutant de proche en proche, quelque chose qui commence par un éclat pour se continuer par des roulements, ainsi que le tonnerre dans la montagne. Et pourtant cette répercussion ne doit pas aller à l'infini. Elle peut cheminer à l'intérieur d'un cercle aussi large qu'on voudra ; le cercle n'en reste pas moins fermé. Notre rire est toujours le rire d'un groupe[1]. » Le rire doit avoir une signification sociale, selon Bergson. Mais dès lors qu'il en a une, est-il encore du rire ? Du comique, de la farce sans doute. Mais il perd cette validité du souffle initial qu'il était. La *vis comica*, au sens d'une figuration du « connais-toi

1. *Ibid.*, p. 5.

toi-même », ce serait précisément ce rire hors de tout phénomène social. Un rire sans écho. Ceux qui aiment faire rire sont terrorisés. Car qu'est-ce qu'un rire sans écho ? C'est terrible. Comme le Réel. Cela dit, la querelle sémantique n'est pas définitive. Le comique, la farce, le rire, l'ironie, la dérision, l'humour, le trait d'esprit, tous ces termes peuvent s'assimiler ou dissembler, selon nos sensibilités et nos théorisations. Les philosophes ont tenté des essais de différenciation. Pour distinguer l'ironie de l'humour, Bergson définit la première comme oratoire, et le second comme plus scientifique. « On accentue l'ironie en se laissant soulever de plus en plus haut par l'idée du bien qui devrait être : c'est pourquoi l'ironie peut s'échauffer intérieurement jusqu'à devenir, en quelque sorte, de l'éloquence sous pression. On accentue l'humour, au contraire, en descendant de plus en plus bas à l'intérieur du mal qui est, pour en noter les particularités avec une plus froide indifférence[1]. » Quelles que soient les finesses de distinction, chacun comprend que, sans les résumer à un affrontement – car il peut y avoir de la porosité – entre un rire face au vertige, qui souligne la faiblesse inaugurale et finale, et un rire qui peut faire œuvre de domination, il y a là des concepts à différencier.

Revenons au rire sans écho. Un homme qui rit, en société, comme s'il était seul, est tout simplement identifié au fou. Le Zarathoustra de Nietzsche ne fait rire qu'à ses dépens. « Et les voilà

1. *Ibid.*, p. 97.

qui me regardent et qui rient : et tandis qu'ils rient ils me haïssent encore. Il y a de la glace dans leur rire[1]. » Celui qui connaît la valeur épistémologique du rire, qui sait que la sagesse fait danser au-dessus du vide, qu'il n'y a nulle assise, celui-là fait l'expérience kantienne du rire : « Le rire est une affection qu'on éprouve quand une grande attente se trouve tout à coup anéantie. Ce changement qui n'a certainement rien de réjouissant pour l'entendement, nous réjouit cependant beaucoup indirectement un moment[2]. » *Attente anéantie*, voilà ce qu'est l'humour. Une rencontre avec le néant; rien de moins. Cette chose qui n'existe pas et qui fait pourtant tout le creux d'une vie. Rencontre avec la finitude, mais pas seulement. Rencontre avec l'absence de finalité. C'est le « sens » pris à son propre piège, celui de n'avoir pas de sens lui-même. « Mais en voyant que la sincérité de l'âme (ou du moins son inclination à la sincérité), qui est infiniment supérieure à toute dissimulation, n'est pas tout à fait détruite dans la nature humaine, nous sentons quelque chose de sérieux dans ce jeu de l'imagination : le sentiment de l'estime vient s'y mêler[3]. » Le processus d'individuation s'exerce donc ainsi, par l'expérience de la révolution, du retournement du monde et du sens. Il y a individuation

1. Nietzsche, *Ainsi parlait Zarathoustra,* « Le prologue de Zarathoustra », *op. cit*.

2. Emmanuel Kant, *Critique du jugement,* Librairie philosophique de Ladrange, 1846, p. 299.

3. *Ibid.*, p. 304.

parce que la rencontre avec le néant ne produit pas du néant. Elle n'anéantit pas l'individu. Elle le fait rire. Elle permet la restauration de l'assise, celle de l'autofondation individuelle. Sur l'assise, disons encore un mot. Car la *vis comica*, c'est l'art de faire entrer l'esprit là où la société n'en veut pas. En dernière instance, cette liberté-là, celle de faire penser, de susciter la pensée, reste celle de la *vis comica*. Mais l'humour se loge partout. Surtout là où l'on cherche à le déloger. « Dès que le souci du corps intervient, une infiltration comique est à craindre », écrit Bergson. Savoir rire, c'est toujours connaître la valeur du souci du corps. Le sérieux du corps contre l'esprit de sérieux. « C'est pourquoi les héros de tragédie ne boivent pas, ne mangent pas, ne se chauffent pas. Même, autant que possible, ils ne s'assoient pas. S'asseoir au milieu d'une tirade serait se rappeler qu'on a un corps. Napoléon, qui était psychologue à ses heures, avait remarqué qu'on passe de la tragédie à la comédie par le seul fait de s'asseoir[1]. » C'est tout à fait juste. Que le corps se rappelle à nous, et voilà l'édifice du destin, de ce que nous cherchons à fabriquer comme vie, qui s'écroule. Non parce que l'édifice manque de vérité, mais parce que celle-ci dit l'absence de sens (et non l'absence de pensée) qui l'anime. Alors, oui, l'histoire commune aurait une autre allure si chacun prenait le temps de s'asseoir plus souvent. Et là, l'autre débat commence, sur la signification de l'art de l'assise.

1. Henri Bergson, *Le Rire*, *op. cit.*, 1940, p. 40.

Zarathoustra n'est pas assis, me direz-vous. Mais chez lui, le corps est omniprésent. Il pourrait se rouler par terre qu'il n'en resterait pas moins maître. Il est celui qui tire le tapis sous les pieds de la société ; et avec elle, lui. Non qu'il soit sans vanité. Est-il seulement possible d'être sans vanité ? Le principe même d'individuation suppose une forme d'orgueil. L'humour reste une méditation sur l'orgueil. « La modestie vraie ne peut être qu'une méditation sur la vanité. Elle naît du spectacle des illusions d'autrui et de la crainte de s'égarer soi-même. [...] Une étude complète des illusions de la vanité, et du ridicule qui s'y attache, éclairerait d'un jour singulier la théorie du rire. On y verrait le rire accomplir régulièrement une de ses fonctions principales, qui est de rappeler à la pleine conscience d'eux-mêmes les amours-propres distraits et d'obtenir ainsi la plus grande sociabilité possible des caractères. On verrait comment la vanité, qui est un produit naturel de la vie sociale, gêne cependant la société, de même que certains poisons légers sécrétés continuellement par notre organisme l'intoxiqueraient à la longue si d'autres sécrétions n'en neutralisaient l'effet[1]. » Le rire accomplit donc cette tâche de neutralisation de l'intoxication de soi-même. Le Zarathoustra est la figure dansante, celle des hauteurs, celle qui enjoint, comme d'autres enjoignent d'oser penser, d'oser rire : « Cette couronne du rieur, cette couronne de roses à vous, mes frères, je jette cette couronne ! J'ai canonisé

1. *Ibid.*, p. 133.

le rire; hommes supérieurs, *apprenez* donc – à rire[1] ! » Le *Zarathoustra* est un livre sur le rire, sur l'apprentissage du rire comme source de connaissance et de sagesse. « Être élevé et savoir rire », être *au milieu du rire* comme au milieu des montagnes, sur ces hauteurs qui ne sont atteignables que par certains, ceux-là mêmes susceptibles de rire, et surtout de rire d'eux-mêmes. « Le courage veut rire », écrit Nietzsche. Non pour nier la mélancolie. Le rire ne masque pas le Réel. Il fait surgir une âme et devient force d'individuation. « Il y a des âmes qu'on ne découvrira jamais, à moins que l'on ne commence par les inventer[2]. » Et rire, c'est toujours inventer, au sens où un rire préfigure une pensée, une échappée, une liberté. Inventer des âmes, n'est-ce pas là l'objet de l'œuvre ? Et entendons l'œuvre au sens large : l'œuvre d'art certes, mais l'amour, l'amitié, et la Cité. Que vaut une Cité dans laquelle les âmes ne s'inventent pas ?

LES FORMES MODERNES DE L'ABSENCE DE PENSÉE

Certes, au-delà du rire, le silence de la sidération peut revenir. Face à la barbarie qui est une démolition machinique, l'humour a la vaillance limitée. Et pourtant, les grandes écoles

1. Nietzsche, *Ainsi parlait Zarathoustra*, IV, « De l'homme supérieur », *op. cit*.
2. *Ibid.*, « De l'arbre sur la montagne ».

de l'humour ont souvent fait l'épreuve des totalitarismes, sans parler des folies génocidaires. L'humour est un mode de véridiction qui met à nu, derrière la pensée, les formes nouvelles et anciennes de l'absence de pensée. Il déloge la servitude de chez l'homme. Il est le révélateur de l'absence de finalité dont l'homme se satisfait ou plutôt ce qui déconstruit la forfaiture dont l'homme se rend complice : cacher la raison instrumentale[1] derrière la raison philosophique. C'est là une question latente de la philosophie antique et moderne, qui peut déjà se loger dans le mythe de la caverne, où les hommes préfèrent le simulacre de la pensée à la véritable lumière. L'obsolescence de la pensée en est un autre avatar. Le terme même d'obsolescence, on le trouve chez Gunther Anders, lorsqu'il traque ce qu'il appelle « l'absence d'*eidos* du travail » ou encore « la structure intentionnelle négative de notre travail actuel ». Pourquoi intentionnelle alors que l'on juge souvent l'utilitarisme comme une neutralité, une objectivité ? Précisément parce qu'elle transforme en objet ce qui est souvent un sujet. « Intentionnelle » parce qu'il s'agit de ne pas s'interroger sur ce qui suivra après. Délibérément, cesser de penser. « Poser la question du sens de nos actes, et tout spécialement de notre travail, revient donc

1. La raison instrumentale définit une raison au seul service de la performance économique, de l'efficacité de la production, de la rentabilité, qui n'interroge plus la finalité des actes qu'elle commet. La raison est réduite au seul rang d'outil, de moyen, d'instrument, de calcul, et non plus de finalité, ou d'exigence critique.

à poser la question anticipante : quel est l'effet de l'effet de l'effet de l'utilisation de la partie du produit que j'ai co-fabriqué et dont la fabrication prétend (puisqu'elle m'occupe) donner du sens à ma vie ? [...] Le véritable sens de mes actes, aussi particulier et momentané qu'il puisse être, est le dernier effet, celui qui arrive après toute une chaîne d'itérations. [...] Nous n'avons pas besoin de mener l'itération à l'infini. Le sens de mon travail ne se trouve pas dans l'infini, il est juste loin de moi. La vérité morale se tient au milieu, entre le maintenant et l'infini[1]. » L'humour, hors de toute posture savante, ne cesse jamais de penser.

L'absence de pensée revêt plusieurs modes. La raison instrumentale est le plus couru. Mais tout aussi mortifère est l'impossibilité de faire face aux dynamiques d'anéantissement (de production du sentiment de néant) qui traversent la vie. Le refoulement de l'absurdité est devenu la pensée commune, rappelle Anders. Et les racketteurs du sens poursuivent l'œuvre sophistique. « Il y a bien sûr, aux États-Unis, des légions de thérapeutes – appelons-les les "racketteurs de sens" » – qui voient dans l'existence de ce sentiment le sens de leur vie, dans la mesure où ils en vivent, et qui ne prétendent pas seulement guérir ce sentiment, mais proclament même sans vergogne pouvoir donner du sens à la vie. Nous

1. Günther Anders, *L'Obsolescence de l'homme*, t. II : *Sur la destruction de la vie à l'époque de la troisième révolution industrielle*, Éditions Fario, 2011 (les citations suivantes renvoient à cette partie).

n'avons pas besoin d'aller voir ces milliers de thérapeutes, ils viennent à nous en Europe. Tous les jours, le baratin contre ce sentiment coule à une heure déterminée des bouches radiophoniques de psychologues, d'ecclésiastiques et de philosophes portant toutes sortes de titres et se ressemblant comme un œuf ressemble à un autre lorsqu'ils débitent leurs absurdités sur le sens et la perte de sens. » Or, le sentiment d'absurdité de la vie n'est pas le symptôme d'une pathologie mais une disposition à la vérité, non altérée par l'illusion que les notions mêmes de « sens », de « finalité » peuvent provoquer. Elle est la matière même de l'humour, et du processus d'individuation qui en découle. *S'individuer*, c'est prendre conscience de la faiblesse inhérente à l'individu et du seul destin ici proposé sur la terre. L'absurdité est le chemin offert à l'homme, comme matière à sublimation. « Les psychothérapeutes qui osent refiler une volonté de sens aux millions d'hommes qui traînent leur existence dans des bureaux ou des usines ou, en tant que chômeurs, devant les écrans de télévision ne valent pas mieux que les hommes d'État recommandant aux affamés une volonté d'être rassasiés et leur faisant croire que cette volonté constitue déjà une moitié de pain avec laquelle, s'ils le voulaient vraiment, ils pourraient se rassasier sur-le-champ. » Tel est le nouvel âge du décervelage : la société de consommation et des « loisirs forcés » ; la tutelle des puissances de divertissement. Derrière cette forme de « loisir », il n'y a pas de *scholè*, pas de lieu propre pour l'homme pour construire son processus d'individuation. « La majorité de ceux qui mènent une vie absurde ne sont pas encore conscients de ce malheur. C'est la vie qu'on les contraint à mener qui les empêche de percevoir qu'elle est absurde. Voilà pourquoi ils ne font rien contre elle. Mieux : même ce qu'ils font à côté de cette vie absurde est quelque chose qu'on fait à leur place, quelque chose qu'on leur livre. [...] puisqu'on les prive de leur autonomie, de la chance de devenir autonomes, ils restent aussi non autonomes pendant leur temps libre. Ils s'acquittent de leur plaisir servilement, tout aussi servilement qu'ils s'acquittent de leur job. »

La vocation du divertissement est aussi l'organisation de l'intimité, la couverture de la transgression pouvant aider à son succès. C'est ainsi que l'Angsoc, le régime totalitaire de l'Oceania, a créé une sous-section du Commissariat aux Romans, Pornosec, qui produit de la pornographie à bon marché que l'on distribue aux prolétaires. «*Histoires épatantes* ou *Une nuit dans une école de filles*. Ces fascicules étaient achetés en cachette par les jeunes prolétaires qui avaient l'impression de faire quelque chose d'illégal[1]. » Au terme de cette odyssée du divertissement, il y a la drogue bien sûr : « ceux qui ne peuvent plus supporter l'absurdité du sens de leur vie », qui se réfugient dans un « état d'ivresse apolitique ». La plupart des hommes, poursuit Anders, « restent reclus de la connaissance de leur misère par leur

1. George Orwell, *1984* (1949), Gallimard, « Folio », rééd. 1988, p. 187.

misère elle-même ». Ils sont « déjà trop malades pour, comme les toxicomanes, réagir à cette misère par une maladie[1] ».

Organiser l'intimité jusqu'à s'y substituer. Produire une relation intime, tel est le défi du divertissement. Car si l'autre est nécessaire au processus d'individuation, il faut pouvoir donner l'illusion de sa continuation, par d'autres voies. Fabriquer de l'autre, offrir à l'individu des images qui maintiennent « l'homme privé de monde dans l'illusion qu'il en a toujours un ». « Rien ne nous aliène à nous-mêmes et ne nous aliène le monde plus désastreusement que de passer notre vie, désormais presque constamment, en compagnie de ces êtres faussement intimes[2]. » Non pas seulement *un monde livré à domicile* mais un « autre » livré à domicile, déjà *familier*, et qui ne provoquera pas le désagrément d'un souci de soi manquant de complaisance.

LA DÉTÉRIORATION DE LA *SCHOLÈ*

Arendt et Anders n'auront de cesse de dénoncer cette détérioration de la *scholè* où le « temps »

1. Günther Anders, *L'Obsolescence de l'homme*, t. II : *Sur la destruction…*, *op. cit.*

2. Günther Anders, *L'Obsolescence de l'homme*, t. I : *Sur l'âme à l'époque de la deuxième révolution industrielle* (1956), Éditions de l'Encyclopédie des nuisances/Éditions Ivrea, rééd. 2002, p. 148.

pour soi, pour la culture, n'existe plus. Non qu'il ait disparu, mais son sens a été dévalué : la « culture de masse » n'est pour Hannah Arendt que l'autre nom du loisir. L'enjeu de la *scholè* travestie n'est pas de vivre le temps libéré devant soi mais, à l'inverse, de tout faire pour le faire passer plus vite. « La société de masse [...] ne veut pas la culture, mais les loisirs et les articles offerts par l'industrie des loisirs sont bel et bien consommés par la société comme tous les autres objets de consommation. Les produits nécessaires aux loisirs servent le processus vital de la société [...]. Ils servent [...] à passer le temps[1]. » Ce temps où j'invente mon avenir disparaît au profit d'un temps tout immergé dans le présent, lui-même vidé par la déréalisation qu'il subit tant il ne ressortit pas à de l'expérience. Pour se développer, l'individuation a besoin non seulement de temps, mais de définir l'objet même de ce à quoi elle passe son temps. C'est là une lutte quotidienne de ne pas se laisser confisquer le temps propre par autrui ou par tout phénomène exogène. Plus grave encore est la certitude grandissant dans nos cerveaux chloroformés que le temps n'est que dépersonnalisé, comme s'il était une entité chérubinique, purement abstraite, insaisissable. Le temps, c'est aussi simplement ce qu'on en fait. Et Anders de revenir sur ce temps passé devant l'écran, à s'anesthésier l'esprit. La télévision est devenue la table familiale, celle qui a pris le lieu

1. Hannah Arendt, *La Crise de la culture* (1954), Gallimard, « Folio », rééd. 2002, p. 263.

et la place de ce rituel en l'inversant. « Ce que l'appareil représente et incarne, c'est précisément le décentrement de la famille, son excentration. Il est la négation de la table familiale. Il ne fournit plus un point de convergence à la famille mais le remplace par un point de fuite commun. [...] La famille est désormais structurée comme un public en miniature[1]. » Personne ne nie le pouvoir informationnel de la télévision. Il se joue simplement ici la déconstruction du dispositif qu'est l'écran du Réel, du type de processus d'individuation qu'il propose, du leurre qu'il établit. L'écran cathodique est une caverne reconstituée dans la mesure où elle fait voir, non pas le monde, mais ses images. *Le monde vient à l'homme et non plus l'homme au monde*. Dès lors, il acquiert une réalité fantomatique. Et Anders d'en conclure deux principes : « quand l'événement sous forme de reproduction prend socialement le pas sur sa forme originale, l'original doit alors se conformer aux exigences de la reproduction et l'événement devenir la simple matrice de sa reproduction » ; « quand l'expérience dominante du monde se nourrit de pareils produits de série, on peut tirer un trait sur le concept de monde[2] ». La télévision persuade l'individu d'un sentiment ambivalent, son autosuffisance et sa soumission à l'ordre des choses. Elle en fait un tout-puissant servile. Le monde est mien mais me condamne à l'inaction,

1. Günther Anders, *L'Obsolescence de l'homme*, t. I : *Sur l'âme..., op. cit.*, pp. 124-125.
2. *Ibid.*, p. 131.

moi spectateur d'une image sur laquelle je n'ai pas de prise et qui ne provoque de ma part aucune contre-action transformatrice. La charge est lourde, mais renvoie à un usage spécifique de la télévision, celui qui n'en fait qu'un passe-temps, un outil permettant d'éviter de penser le temps, qui substitue ainsi à la *scholè* primordiale un temps d'asservissement au divertissement. Dès lors, il s'agit de faire de la « représentation » (du semblant) d'un monde le seul monde possible et de la « représentation » (simulacre) de l'individuation le processus privilégié d'une pseudo-individuation. Car après le monde extérieur, l'autre grand territoire télévisuel est l'intimité, la relation de soi à soi, la relation du soi aux autres, disons plutôt les affres du moi : on s'y confie, s'y rencontre, s'y réalise ; on la regarde moins qu'on ne la vit comme un autre territoire, un ailleurs finalement commun. Si le monde s'y rend fantomatique, le moi est omniprésent. Ce n'est plus « *Je est un autre* ». C'est le « *On qui est Je* ». Une machine qui met en lumière les irremplaçabilités pour mieux les standardiser et les vendre comme produits culturels. De la confiture aux cochons. Irremplaçabilité du soi mise en spectacle et tentative d'inventer, pour l'individu, un autre irremplaçable de substitution susceptible de capter l'attention de façon ininterrompue, celle-là même qu'on réserve à autrui et à l'expérience singulière du monde. Dès lors, les médias se révèlent une fabrique de faux irremplaçables. « Il faut des individus prééminents en masse, si on veut exploiter l'attractivité de l'attention comme un commerce de masse[1]. »

Quel est le risque pour un individu qui ne risque pas l'irremplaçabilité ? À quels dangers est-il exposé, celui qui se veut remplaçable ? Car le danger de la non-implication existe bel et bien. C'est une détérioration lente du sujet à laquelle lui-même n'a plus accès. Réduire sa conscience à l'état minimal provoque l'assèchement du monde, qui en retour renforce la dimension psychotique du sujet. C'est un long chemin vers la répétition du pire. Désormais, le sujet répète inlassablement les mêmes expériences de désolation qui l'ont porté là où il se trouve. Le déni fait disparaître toute autre issue. L'homme qui n'expérimente pas l'irremplaçabilité qu'il est par définition détruit sa capacité générative, celle qui consiste à créer des possibles, de l'Ouvert[2] au sens rilkéen du terme. « L'homme est plus petit que lui-même », écrit Anders, posant comme structurel le décalage prométhéen qui existe entre la faculté d'entendement comme celle de la responsabilité et leurs possibilités supposées. Il y a un seuil au-delà duquel ressentir et concevoir devient si confus que l'homme ne parvient pas à le dépasser. « Nous pouvons

1. Georg Franck, « Qu'est-ce que l'économie de l'attention ? » *in* Yves Citton (dir.), *L'Économie de l'attention. Nouvel horizon du capitalisme ?*, La Découverte, 2014, p. 58.

2. « De tous ses yeux la créature voit l'Ouvert », écrit Rilke dans les *Élégies de Duino*, signifiant par là l'expérience poétique du Réel, totale, qui dépasse le sujet, que nulle synthèse ne peut réduire. Voir C. Fleury, *Métaphysique de l'imagination*, *op. cit.*

assassiner des milliers de personnes, nous représenter peut-être une dizaine de morts ; mais tout au plus en pleurer ou nous repentir d'en avoir tué un seul[1]. » Faire l'expérience de l'irremplaçabilité, c'est avoir conscience de ce décalage entre la puissance supposée et les capacités réelles non pour le nier mais pour l'investir pleinement car ressentir pleinement l'horreur d'un acte forme une conscientisation qui ne peut manquer d'être performative. *L'horrible insignifiance de l'horreur* n'est que l'autre nom du refus de l'expérience de l'irremplaçabilité.

Et Anders de faire dire à Rilke plus formellement encore ce qu'il anticipe par seule intuition poétique. « Ce que Rilke a voulu dire par là n'a certes rien à voir avec ce dont nous parlons : à savoir que nous ne sommes pas, avec notre imagination et nos sentiments, à la hauteur de nos propres productions et de leurs effets. [...] Mais l'idée qu'il fallait se rendre capable de ressentir n'avait encore jamais été exprimée par aucun autre auteur contemporain. Si nous étions fascinés par les mots de Rilke, c'était parce que, sans savoir vraiment pourquoi, nous sentions qu'en évoquant l'insuffisance du sentiment il désignait un manque alors décisif, et qu'en parlant de sentiment vraiment accompli il définissait l'une des tâches décisives d'aujourd'hui[2]. » Rilke met le doigt sur ce « manque décisif » qu'est l'extinction

1. Günther Anders, *L'Obsolescence de l'homme*, t. I : *Sur l'âme...*, *op. cit.*, p. 298.
2. *Ibid.*, pp. 304-305.

de l'expérience dans une vie : non seulement ne plus expérimenter telle ou telle chose, mais ne plus arriver à convertir l'expérience en vécu. Être remplaçable, c'est n'être plus capable de ressentir. Dès 1933, Walter Benjamin était revenu sur ce phénomène d'appauvrissement de l'expérience qui frappait les combattants survivants de 14-18. Ils revenaient « frappés de mutisme », « non pas enrichis d'expériences susceptibles d'être partagées, mais appauvris »[1]. Avec Agamben, un pas supplémentaire est franchi. Car il ne s'agit plus d'au-delà du traumatisme. Il s'agit d'une résilience définitivement atteinte par le « fatras » des événements quotidiens. Pour détruire l'expérience, et donc l'autorité de l'expérience, la catastrophe n'est pas nécessaire : « dans une journée d'homme contemporain, il n'est presque plus rien qui puisse se traduire en expérience : ni la lecture du journal, si riche en nouvelles irrémédiablement étrangères au lecteur même qu'elles concernent, ni le temps passé dans les embouteillages au volant d'une voiture, ni la traversée des enfers où s'engouffrent les rames du métro, ni le cortège des manifestants, barrant soudain toute la rue, ni la nappe de gaz lacrymogènes, qui s'effiloche lentement entre les immeubles du centre-ville ; pas davantage les rafales d'armes automatiques qui éclatent où ne sait où, ni la file d'attente qui s'allonge devant les guichets d'une administration [...] ni les instants

1. Walter Benjamin, *Der Erzähler*, cité par G. Agamben, *Enfance et histoire* (1978), Petite bibliothèque Payot, rééd. 2002, pp. 23-24.

passés avec des inconnus [...] dans une muette promiscuité [...]. L'homme moderne rentre chez lui le soir épuisé par un fatras d'événements – divertissants ou ennuyeux, insolites ou ordinaires, agréables ou atroces – sans qu'aucun d'eux se soit mué en expérience[1] ». La remplaçabilité commence là où l'individu n'est plus susceptible de traduire en expérience son vécu, là où l'expérience ne fait plus autorité. Le spectacle semble l'unique expérience possible, qu'il soit mensonge ou catastrophe. Soit le langage vacille devant un Réel destructeur. Soit le langage ne dit pas le vrai. Or, le projet moderne ne peut se résoudre à n'être que l'expropriation de l'expérience.

L'homme devient plus petit que lui-même lorsqu'il n'est pas irremplaçable. Il se laisse prendre au piège de la conscience laissée telle quelle, complaisamment confuse. La complaisance peut revêtir différents aspects, de la satisfaction à l'angoisse injustifiée qui s'abat d'autant plus sur le sujet qu'il n'a pas œuvré à sa canalisation. Croyez-vous que l'horreur forme cette angoisse ? Nullement. Ou plutôt l'horreur bascule dans le déni et celui-ci se masque derrière l'angoisse du petit moi. Eichmann a toujours été angoissé par les « petits » problèmes de son administration, et les jugements qu'elle pouvait avoir sur lui. Il a été happé par l'angoisse de mal faire. Anders rapporte la réponse du pilote de bombardier faite, à son retour, au journaliste qui lui demande ce à quoi il a pensé pendant sa terrible mission : « Je

1. Giorgio Agamben, *Enfance et histoire*, *op. cit.*, pp. 24-25.

n'arrivais pas à me sortir de la tête les 175 dollars qu'il me reste à payer pour le réfrigérateur[1]. » Ce décalage qui fait le terrain de la psychose, il faut à l'inverse l'investir pour mieux le déconstruire. L'*imaginatio vera* forme l'absolue requête du vécu de la pensée. Elle brave la confusion première de la conscience. Elle fait surgir ce qui semblait, sans elle, rester informe. Elle donne accès ainsi à des pans du Réel, comme écrivait Corbin, qui sont également des pans de l'éthique. En ce sens, l'éthique n'est pas un surplus du monde, une sorte d'aura qui se surajoute. Elle est le Réel auquel l'homme n'a pas accès lorsqu'il renonce à son irremplaçabilité. Un monde entier lui échappe. Précisément celui qui détient la clé de son humanité. Et voilà le sujet enrôlé dans la *collaboration*. Le terme est celui d'Anders pour désigner ce qui est le contraire même de l'action, quant à elle proprement indissociable du processus non falsifié d'individuation. Devenir un collaborateur, c'est devenir remplaçable, c'est entrer dans la chaîne et « vivre sans avenir », vivre comme si l'avenir disparaissait[2]. Historiquement, la collaboration n'a pas été autre chose qu'*un dire qui s'arrête*, au sens où il se dissocie délibérément de sa capacité performative propre. C'est un dire qui ne signifie plus rien, qui ne se projette plus dans le futur, qui ne dit rien sur ce qui est fait à l'instant présent comme pour tenter de l'effacer.

1. Günther Anders, *L'Obsolescence de l'homme*, t. I : *Sur l'âme…*, *op. cit.*, p. 299.
2. *Ibid.*, p. 318.

Ne commence que le non-commencement, le long chemin de la répétition. Si Anders et Arendt ont partagé la thèse de la banalité du mal, c'est précisément parce qu'ils ont compris que le mal n'est nullement exceptionnel, qu'il ne relève d'aucun *kairos*. Il est la puissance de répétition. L'horreur n'a pas *eu* lieu. L'horreur se répète[1]. S'il n'y a aucun doute à avoir, c'est sur la « ferme collaboration » des contemporains, car les leçons ne s'apprennent pas. On aimerait poser une fois pour toutes l'horreur. La délimiter, lui conférer un lieu historique, mais l'horreur, c'est précisément qu'il n'y a pas de lieu de l'horreur, qu'elle est hors lieu, qu'elle peut survenir encore et encore parce qu'elle est indissociable du sujet aliéné, nichée en lui comme un Phénix indigne.

LES ILLUSIONS DE L'IRREMPLAÇABILITÉ : MÉDÉE, CELLE QUI REFUSE D'ÊTRE REMPLACÉE

L'irremplaçabilité connaît aussi ses dérives. Être irremplaçable, ce n'est pas refuser d'être remplacé. C'est simplement avoir conscience de son caractère irremplaçable. Seulement une telle connaissance n'autorise pas à imposer sa toute-puissance à autrui, en lui intimant de ne pas nous remplacer. La figure de Médée, non strictement féminine, est la figure par excellence de cette pathologie. Elle manque et la notion

1. *Ibid.*, p. 323.

d'individuation et celle de l'irremplaçabilité. Pourtant, elle était initialement le talent même de l'individuation. Son nom le signifie. *Médomai*, en grec, c'est méditer, comprendre. C'est la racine *med* qui renvoie à la médecine, à la mesure, au fait de prendre soin de. Mais Médée refuse la notion même d'autre et de sa liberté. Elle cache son impossibilité à s'individuer derrière le mal d'ingratitude dont elle accuse l'autre. Car à Jason, elle donnera tout, même ce qu'il n'a pas demandé. Et celui-ci croira recevoir, alors qu'il signe son interminable dette. Prêt à vivre d'autres aventures amoureuses et sociales, Jason se détourne de Médée, pour profiter de nouveaux atours de la vie. Rien ne calmera sa vengeance qui s'abattra sans ciller sur ses propres enfants. Pour mieux laisser cours à celle-ci, c'est elle qui se drapera dans les oripeaux de la victime. « Les malheurs m'assaillent de tous côtés. Qui le niera ? Mais les choses ne se passeront pas ainsi ; ne le croyez pas encore. Il reste des luttes à soutenir pour les nouveaux époux, et pour les beaux-parents de terribles épreuves. […] Aujourd'hui, je ferai des cadavres de trois de mes ennemis, du père, de la fille et de mon époux. […] nul n'aura la joie de me déchirer le cœur. […] Allons ! N'épargne pas ta science, Médée, pour dresser tes plans et ourdir tes ruses. Va jusqu'à l'horrible. C'est maintenant l'épreuve de ton courage. Tu vois ce que tu endures. Il ne faut pas que tu sois condamnée à la risée par l'hymen de la fille de Sisyphe avec Jason, toi la fille d'un noble père, issue du Soleil[1]. » Preuve même de son incapacité d'individuation, elle ne supporte pas l'humour car il met en lumière sa nature profonde. Il est forcément risée. Et risée d'elle. Elle est dans le délire de persécution. Mais personne ne songe à rire de Médée. Bien au contraire.

Jason et Créon n'ont de cesse de donner des gages pour éviter son courroux. Non parce qu'ils le croient juste, mais parce qu'ils connaissent son pouvoir destructeur. Être héritière de la lumière peut offrir les meilleurs auspices pour le processus d'individuation sans pour autant y suffire. Médée, ce n'est pas simplement celle qui prive ses enfants d'un père, c'est la puissance artificielle de privation. Dorénavant, elle viendra ôter, prendre ce qu'elle a donné, punir. Celle qui a fait défait. Croit pouvoir défaire. C'est la preuve même de sa folie et de son illusion de toute-puissance. Car personne ne peut défaire ce qui a été fait. Défaire la chose faite, ce sera faire autre chose. Mais Médée délire. Elle est ce refus de la vérité qui veut se nommer vérité. Mieux encore, justice. Médée devient victime, la victime par excellence car qui d'autre, si ce n'est une victime, subit l'injustice ? « Ma nature est épanouie dans les souffrances[2]. » Parée de l'apparat victimaire, elle peut réaliser les pires crimes, ceux-là mêmes qui effacent l'idée d'une conscience les ayant commis, et pénétrer dans le déni comme une reine en son pays. « Je l'ai fait, je l'avoue, j'ai préparé de l'aconit

1. Euripide, *Médée*, scène VIII, v. 357-409.
2. Sénèque, *Médée*.

pour mes propres enfants. On m'a prise sur le fait, la chose est claire, c'est moi qui ai accompli le crime jusqu'au bout. — Tes deux enfants, dans un même repas, vipère odieuse, tes deux enfants ! — Oui, et sept si j'en avais eu sept[1]. » Non seulement se venger, mais le revendiquer pour le légitimer. Médée a fait beaucoup pour Jason. Mais elle n'a nullement tout fait. Et d'ailleurs quelle était la motivation de Médée pour « faire » ? L'amour ? Nullement, car il suppose une part de désintéressement, proprement absente ici. Le désir pour Jason, en lieu et place de son propre désir, oui. Le désir pour Jason comme procédé d'individuation personnelle, oui. Seulement la vengeance contre Jason n'assouvit rien. Il faut que Médée tue ailleurs. Il faut qu'elle tue l'innocence, d'autant que cette innocence pourra un jour lui révéler son meurtre. Il faut donc assassiner les enfants et le justifier. « Leur crime est d'avoir Jason pour père et, crime encore pire, D'avoir Médée pour mère. Qu'ils meurent, ce ne sont point mes fils. Qu'ils périssent ! Ils sont à moi[2]. » Médée, celle qui ne veut pas être remplacée, nie aux enfants le principe même de leur irremplaçabilité. Ces enfants n'existent nullement par eux-mêmes. Ils « sont à elle ». Elle a sur eux tous les droits. C'est cela la toute-puissance : faire naître, faire mourir. En avoir simplement l'illusion suffit.

Médée a bien été victime de l'incapacité de Jason à lui reconnaître son irremplaçabilité.

1. Juvénal, « Satire VI », *Satires*, v. 638-649.
2. Sénèque, *Médée*, scène X, v. 934-936.

« C'est la conscience de ne pas être reconnu dans sa propre compréhension de soi qui constitue la condition de la blessure morale[1]. » Le déni de reconnaissance est tel qu'il blesse Médée. Seulement si la colère peut s'apparenter à de l'autoconservation, la vengeance est un exercice de toute-puissance. S'individuer nécessite de calmer la colère en soi pour que celle-ci ne consume pas l'être. Au lieu de cela, Médée laisse le déni de reconnaissance devenir son identité, de manière à lui donner la justification pour tuer ceux qui la dénient, comme ceux qui ne la dénient pas. Mais cela ne suffit pas à Médée. Car elle refuse une autre vérité, plus originelle encore. Celle de son propre manque. Si elle a tant donné à Jason, c'est pour compenser ce manque inaugural. Elle est ici victime de sa propre illusion sur la place de l'autre dans le processus d'individuation. Si ce dernier est nécessaire, il n'est pas suffisant. « Celui qui croit pouvoir trouver en soi-même de quoi se passer de tout le monde se trompe fort ; mais celui qui croit qu'on ne peut se passer de lui se trompe encore davantage[2]. » Affronter sans cesse le manque est le chemin que chaque individu parcourt pour devenir ce qu'il est. Or, ce manque qui est incurable, Médée n'en veut pas. Elle est prête à tuer pour ne pas affronter la vérité de l'incurable du manque. Elle ne fait pas totalité, ni pour

1. Axel Honneth, *La Lutte pour la reconnaissance* (1992), Gallimard, « Folio », 2007.

2. La Rochefoucauld, *Réflexions ou Sentences et maximes morales* (1664), maxime n° CCVI.

elle-même, ni pour Jason, ni pour ses enfants, et cette simple vérité, elle ne peut l'accepter. Comment Médée la magicienne pourrait-elle accepter d'ailleurs la fin de la magie ? Car valider l'incurable du manque, ce manque à être, c'est implicitement reconnaître le simulacre de la magie, et conséquemment, pour Médée, sa vanité même. Il faudrait qu'elle accepte de rire. Mais elle a choisi la tragédie. Le drame ne se choisit pas. La tragédie, oui.

La toute-puissance ne peut en aucun cas se parer des vertus de l'irremplaçabilité. Devenir « irremplaçable », ce n'est pas empêcher autrui de poursuivre son processus d'individuation, ailleurs et autrement. Devenir irremplaçable, c'est d'abord entrelacer les différentes séquences du processus d'individuation jusqu'à former une singularité qui n'est plus sous tutelle. Or le désir pour Jason reste une tutelle qui ne dit pas son nom : le désir de reconnaissance par Jason devient une forme d'aliénation. La « promesse d'union » avec Jason, promesse non tenue, rappelle que le manque inaugural ne doit jamais constituer une tutelle. S'individuer, c'est précisément l'inverse. Avoir conscience de cet incurable et le sublimer. Médée est incapable de sublimation. C'est la définition même du déni et de la psychose dans la mesure où Médée ne reconnaît pas son incapacité à sublimer – ce qui serait déjà une forme mineure de sublimation. Elle confond colère et sublimation. Elle confond individuation et toute-puissance. L'excès comme compensation du manque, voilà l'illusion. Pour être reconnue, Médée est prête à tous les dénis. Seulement le déni de reconnaissance (pratiqué par soi) n'a pas la capacité créatrice de lutter contre les dénis de reconnaissance (pratiqués par les autres). Médée se trompe de moyens et d'adversaires. Elle fait ce que La Rochefoucauld a si parfaitement décrit : « du bien pour pouvoir impunément faire du mal ».

Pendant de la figure de Médée, même si celle-ci n'est pas l'apanage des femmes, la terrible figure paternelle de Cronos qui mange ses enfants par peur d'être détrôné par eux. Là aussi, le grand complexe de l'irremplaçabilité mal comprise, et qui provoque la destruction d'autrui. La psychanalyse n'a pu s'empêcher de jouer de l'homophonie entre Cronos, père de Zeus, et Chronos, Dieu du temps. À la différence du second qui sait être père, le premier refuse l'épreuve de la générativité, l'assimilant à une perte ontologique. Cronos représente celui qui n'a pas su parachever l'individuation dans la mesure où il reproduit la folie de son père, lui-même mangeur de sa progéniture. Construire sa propre histoire lui a été impossible, la peur ayant eu raison de la sublimation. Si Chronos représente le temps qui s'écoule, celui des heures et des saisons, il ne détient pas l'intégrale du concept du temps. La figure du temps existentiel, métaphysique, requiert de combiner plusieurs figures du temps : Chronos, Kairos et Aiôn, soit le temps de la durée, le temps de l'instant, le temps cyclique de l'éternité. D'une certaine manière, la mythologie grecque différencie les stades de l'individuation, en lui rappelant qu'elle ne peut se borner à comprendre le temps de façon linéaire mais qu'elle doit faire l'épreuve des seuils qualitatifs qu'il contient. Tout ce que Cronos se refuse de faire tant il désire le maintien d'une histoire écrite par lui seul, connue dès le départ, ne subissant aucune modification. Cronos, c'est le refus de ce temps fécond qui fait advenir autre chose, l'illusion qu'il n'y aura pas de disparition.

Figure dévastatrice par définition, elle l'est néanmoins peut-être moins que celle de Médée, dans la mesure où Cronos ne ment pas sur ses motivations. À l'instant où l'enfant naît, il est dévoré. Il n'y a pas de promesse d'autre chose. Toute la perversion de Médée réside dans le mensonge qu'elle incarne. Elle donne pour s'offrir les moyens de détruire. Elle pratique la même toute-puissance que Cronos, mais là où le Titan choisit l'apparence du monstre, elle opte pour celle de la victime, plus difficile encore à dénoncer. Face au monstre, l'immédiat est plus dangereux. Mais la délivrance – si l'enfant en réchappe ; c'est le cas de Zeus – est plus aisée, dans la mesure où le monstre n'a jamais fait figure de père. Zeus n'aura aucun mal à obtenir de Cronos ce qu'il n'a pu obtenir de lui, enfant, à savoir la fin de ses ignominies et la restitution de ses frères et sœurs. À l'inverse, Médée a été une mère. La douleur n'en est que plus grande. Si le mythe n'a laissé aucune chance aux enfants de Médée, c'est sans doute pour souligner métaphoriquement que leur délivrance était improbable, même s'ils devaient échapper à sa fureur. Pour panser le traumatisme et dépasser le brisement de cœur provoqué par la mère malade, il faudrait un temps infini que la vie ne possède pas. Médée n'est pas une simple figure de la destruction. C'est une figure de la trahison, celle-là même que Jason lui a imposée. Elle aussi a répété l'infamie subie.

PREMIER TERRITOIRE DES IRREMPLAÇABLES : LE « DEVENIR PARENT » ET LE « FAIRE FAMILLE »

Là où la singularité peut sembler une notion toute théorique, l'irremplaçabilité en fait une expérience du sujet. Une expérience physique et psychique. Comprendre la singularité, la ressentir dans son être (avec son cœur, son esprit, son corps), c'est faire l'expérience de l'irremplaçable chez l'autre et dans le monde. « Largement inspiré par l'*Éthique à Nicomaque,* en passant par les Évangiles [...] et les *Fondements de la métaphysique des mœurs,* ce concept est repris sous une formulation contemporaine : *"Personne n'est indispensable. Chacun est irremplaçable."* Dans ces trois traditions est introduite l'idée de la valeur absolue de l'individu, qui n'est ni une valeur économique, ni une valeur technologique, mais une valeur non mesurable. Cette valeur est bien plutôt ressentie et sa perte laisse un sentiment de vide qu'on ne pourra jamais tout à fait combler. Celle-ci fait naître l'exigence de reconnaître le caractère inaliénable de la personne humaine et la question des limites dans lesquelles il est permis de faire usage de celle-ci pour parvenir à des fins étrangères[1].» Tout processus de singularisation s'inscrit dans le cadre de l'irremplaçable, dans le manque qui le constitue et dans le deuil qu'il devra affronter, à chaque instant où cet irremplaçable cessera d'être au monde. La qualité du processus de subjectivation est liée à cette prise de conscience de l'irremplaçable et à la sublimation qui en découle, qu'il soit présent ou désormais absent. La sublimation n'est pas une activité spontanée du sujet. C'est déjà la trace d'un processus de subjectivation efficace. La faculté de sublimation demeure dans sa plus grande partie le fruit de l'interaction avec l'irremplaçable constructif qu'un parent se doit d'incarner. L'Évangile de Matthieu rappelle que les enfants nous éduquent au sens où ils nous mettent face à cette responsabilité d'assumer notre part vis-à-vis d'eux. « Gardez-vous de mépriser un seul de ces petits, car, je vous le dis, leurs anges dans les cieux voient sans cesse la face de mon Père qui est aux cieux[2].» Protéger l'enfance, protéger l'émergence de l'individuation, son désir et son accomplissement futur, c'est là aussi la tâche parentale. C'est là où l'enfant nietzschéen et l'enfant de l'Évangile ne sont pas si éloignés que ça, tous deux symbolisent une sorte d'idée régulatrice de la juste individuation à consolider ; en creux,

1. C. Hodgkingson, *The Philosophy of Leadership*, Oxford University Press, 1983, cité *in* Peter Kemp, *L'Irremplaçable, Une éthique de la technologie* (1991), trad. P. Rusch, Paris, Cerf, 1997.

2. Évangile de Jésus-Christ selon saint Matthieu, 18,10.

cela dit l'idée régulatrice que doit être la fonction parentale.

Premier territoire des irremplaçables donc, les parents. Pas nécessairement le père ou la mère. Mais celui qui incarne ou permet de concevoir l'histoire originelle. Celui qui n'est pas simplement la figure de lui-même, mais celle d'où vient l'enfant. « Faire famille » est souvent l'antichambre du « faire société », dans la mesure où même profondément dissemblables, ils posent, respectivement, pour advenir durablement, une dialectique commune. « Faire famille », plus encore qu'avoir une famille. Qu'est-ce que « faire famille » ? « Faire famille » a subi autant de transformations que « faire société ». Et a révélé sa plasticité potentielle. L'invariant de la structure familiale n'est pas uniquement la copulation d'un homme et d'une femme mais l'agencement de leurs volontés créatrices et de leur ambition symbolique commune. « Faire famille », c'est entrer dans le symbolique. À la différence de la notion plus institutionnelle de famille, le « faire famille » stipule qu'il est toujours de l'ordre de la dynamique et de l'inachevé. La famille est une institution, certes. Mais le « faire famille » est la réalité dynamique, vitale, productrice, de cette institution. Il est ce qui préserve la durabilité de l'institution famille. « Faire famille », c'est faire de l'attention l'écosystème de l'individuation. C'est le lieu de la coproduction avec l'autre. Quel que soit le sexe des parents, ils sont, l'un et l'autre, garants de la préservation de la place de la différence, dans l'avènement de la structure familiale comme dans celle de sa consolidation symbolique. Les présents sont garants des absents. Si le « faire famille » s'invente, il le fait selon cette conditionnalité : être garant du respect de la place de ce que l'on n'est pas. Car le « faire famille » est par essence un mode de véridiction du manque originel. Seul on ne fait pas famille. Faire famille, c'est reconnaître que l'on ne fait pas seul unité. Que l'autre est nécessaire. « Faire famille », ce sera alors faire nécessairement récit de cela. Si l'autre manque dans la réalité quotidienne de la famille, il faut veiller à ménager ses réitérations. On « fait famille » autant avec les présents qu'avec les absents, on fait famille avec tous ceux avec qui on a inventé symboliquement et physiquement cette ambition de faire famille. Les fondations du devenir psychique de l'enfant sont directement liées aux interactions précoces qu'il a eues avec les adultes l'entourant, et notamment ses parents. La qualité de développement de l'enfant, sa vigueur, est le fruit de cette implication inaugurale. Si la notion de vulnérabilité est juste pour décrire l'insuffisance originelle et persistante de l'individu, elle insiste néanmoins trop sur la dimension négative de cette situation première. Être apte à construire son individuation grâce à l'attention reçue d'autrui et portée en retour ne se réduit pas à la notion de dépendance. Avoir eu besoin des autres pour grandir constitue une dépendance, une dette même. Mais c'est manquer la réalité féconde de l'enfant, de ce qu'il donne spontanément à ses parents, de la part vitale qu'il vient consolider. Le don rappelle que la vulnérabilité initiale ne peut s'assimiler à une faiblesse. Par la suite, se souvenir symboliquement de la dette, ce sera aussi grandir. Non pas la payer, mais s'en acquitter symboliquement, en assumant à son tour l'enjeu de transmission. « L'homme qui est dans l'incapacité d'être membre d'une communauté, ou qui n'en éprouve nullement le besoin parce qu'il se suffit à lui-même, ne fait en rien partie de la cité, et par conséquent est une brute ou un dieu[1]. » Se croire autosuffisant, c'est déjà pénétrer la perversion. À l'inverse, si la subjectivation n'existe pas hors de l'intersubjectivation, les sujets inscrits dans l'écosystème de l'attention bénéficient tous, en retour de leur implication, d'un processus de rénovation de leur individuation. C'est finalement cette « vulnérabilité » qui est, ni plus ni moins, créatrice de la fonction parentale et de l'avènement pour les individus à un nouveau champ du symbolique. Être un irremplaçable, c'est d'ailleurs toujours avoir l'ambition du symbolique.

À l'occasion du devenir parent, se manifeste la propre histoire des parents, celle de leur enfance notamment. De quelle attention ont-ils été l'objet ? De quel soin ? Seront-ils aptes, s'ils sont en déficit relationnel, de donner ce qu'ils n'ont pas reçu ? Se réactive alors l'anamnèse familiale, et ce d'autant plus que les parents sont isolés et peu aidés par leurs propres parents. Se lève ici la définition réelle de l'éducation. Éduquer, c'est toujours donner ce qu'on n'a pas reçu. Pallier l'insuffisance

1. Aristote, *Les Politiques*, I, 2.

de sa propre enfance. Toujours l'ambition du pas de plus. Jonas définit d'ailleurs l'archétype intemporel de toute responsabilité comme celle des parents à l'égard des enfants[1]. L'enjeu est immense, et les individus ne sont pas toujours aptes à ce devenir parent. Les dysfonctionnements conscients ou inconscients des parents sont multiples, et les conséquences graves sur la vie psychoaffective de l'enfant. « Meurtre d'âme[2] », écrit Shengold. Ou comment un parent a le pouvoir de détruire la dynamique d'individuation chez son enfant, précisément parce qu'il est celui par lequel elle s'inaugure. « Un meurtre de l'âme est le plus souvent perpétré par des parents psychotiques ou psychopathes qui traitent leur enfant comme une extension d'eux-mêmes ou comme objet de l'assouvissement de leurs désirs, ou les deux[3]. » Shengold rappelle que l'enfant, pour résister au meurtre symbolique, continue d'aimer son parent. Et plus tard, le consentement à l'asservissement est une opération qui peut se répéter. Orwell conte précisément dans *1984* comment elle devient archétypale des nouvelles sociétés.

1. Hans Jonas, *Le Principe responsabilité* (1979), Flammarion, « Champs Essais », rééd. 2013, p. 250.

2. La notion d'assassinat d'âme, d'âme assassinée, de meurtre d'âme se trouve chez Daniel Paul Schreber (1903), dans ses *Mémoires d'un névropathe*. Freud y consacrera une étude dans le recueil *Cinq Psychanalyses*, sous le titre « Remarques psychanalytiques sur l'autobiographie d'un cas de paranoïa : Le président Schreber ». Depuis la notion a été explicitée par Léonard Shengold, *Meurtre d'âme*, Calmann-Lévy, « Le Passé recomposé », 1998.

3. Shengold, *Meurtre d'âme*, Introduction, *op. cit.*

O'Brien disant à Winston Smith : « Jamais plus vous ne serez capable de sentiments humains ordinaires. Tout sera mort en vous. Vous ne serez plus jamais capable d'amour, d'amitié, de joie de vivre, de rire, de curiosité, de courage, d'intégrité. Vous serez creux. Nous allons vous presser jusqu'à ce que vous soyez vide puis nous vous emplirons de nous-mêmes[1]. » La fin du roman signe le succès de la prophétie. Winston est alors capable de regarder la face de Big Brother et de l'aimer. Il est même persuadé enfin d'avoir vaincu ses propres démons en effaçant toute équivoque de son cœur. Enfin il est apaisé. « La lutte était terminée. Il avait remporté la victoire sur lui-même. Il aimait Big Brother[2]. » Le meurtre d'âme est l'effort délibéré pour priver l'individu de toute potentialité d'individuation. L'éducation n'est heureusement pas le monopole des parents. La vie recèle d'autres occasions de rencontrer des irremplaçables, des tiers résilients, avec lesquels l'individu meurtri construit son individuation.

Shengold conte comment ces individus « abrasés[3] » développent pourtant parfois des aptitudes de sublimation tout à fait spécifiques. Les interprétations sur l'enfance d'Orwell divergent. Disons que lorsqu'elle n'est pas passablement heureuse, elle est malheureuse. En 1948, sur son

1. George Orwell, *1984*, *op. cit.*, p. 362.
2. *Ibid.*, pp. 416-417.
3. « Abrasés », comme s'ils avaient subi les abrasions successives de la vie, jusqu'à ne plus posséder d'enveloppe corporelle et psychique protectrice.

lit d'hôpital à Hairmyres, il écrit à son ami Julian Symons ces lignes révélant la transmission dont il a été capable alors même qu'il n'en était pas le bénéficiaire : « Malgré tous les désagréments, les enfants sont très amusants, et l'on revit sa propre enfance au fur et à mesure qu'ils grandissent. Sans doute doit-on se garder d'imposer sa propre enfance à un enfant, mais je crois vraiment qu'il est relativement facile, de nos jours, de lui en assurer une digne de ce nom et de lui permettre d'échapper aux tourments tout à fait inutiles que j'ai moi-même endurés[1]. »

Devenir parent constitue une part significative du développement de l'individuation. Le devenir parent est plus vaste que le fait d'être mère ou père biologique. Devenir parent c'est offrir à un enfant la possibilité de s'autonomiser et de devenir lui-même un agent créateur. Le concept de générativité a été proposé par Erikson (1963) pour définir le septième stade du développement personnel. De l'enfance à la vieillesse, l'individu vit huit stades. 1) Espoir : Confiance *versus* Méfiance (0-12 mois); 2) Volonté : Autonomie *versus* Honte et Doute (12 mois-3 ans); 3) Conviction : Initiative *versus* Culpabilité (4-5 ans); 4) Compétence : Travail *versus* Infériorité (6-11 ans); 5) Fidélité : Identité *versus* Confusion des rôles (12-18 ans); 6) Amour : Intimité *versus* Isolement (18-34 ans);

1. Georges Orwell, *Essais, articles, lettres*, vol. IV, Éditions Ivrea/Éditions de l'Encyclopédie des nuisances, 2001, p. 498; passage cité *in* Bernard Crick, *George Orwell* (1980), Flammarion, « Grandes Biographies », rééd. 2008, p. 44.

7) Attention : Générativité *versus* Stagnation (35-65 ans); 8) Sagesse : Intégrité personnelle *versus* Désespoir (> 65 ans). Même si les stades s'entrelacent tout au long du développement psychosocial de l'individu, il n'en demeure pas moins qu'il y a des âges plus ou moins symptomatiques de ces stades. La générativité de chacun d'eux correspond plus particulièrement à la fonction parentale et à l'attention qu'un individu est susceptible d'offrir à autrui. Elle n'est pas assimilable à la génération. Il ne s'agit pas seulement d'engendrer un individu mais de participer grandement à l'émergence de sa propre capacité de création. Il n'est pas anodin que Jonathan Zittrain[1] ait considéré la générativité de l'internet comme l'une de ses valeurs ajoutées les plus révolutionnaires, plus précisément la capacité pour les internautes de devenir des créateurs de contenus, d'améliorer les programmes, de créer de nouvelles infrastructures de réseaux. En ce sens, il est intéressant de voir que l'internet, si souvent décrié en termes d'attention, dans la mesure où il serait l'occasion de troubles de la concentration, ne se résume pas à ses seuls dysfonctionnements. Par sa dimension générative, il offre aux individus l'opportunité de manifester une attention qualitative. Il ne s'agit nullement ici de reconnaître à l'internet une capacité parentale et de s'illusionner sur sa capacité de transmission. Il s'agit simplement de noter qu'une utilisation optimale d'internet passe par

1. Jonathan Zittrain, « The Generative Internet », *Harvard Law Review*, vol. CXIX, p. 1974, 2006.

la compréhension de cette valeur ajoutée, par le fait qu'il faille activer cette fonction générative, elle-même susceptible de participer à l'épanouissement de notre capacité créatrice.

La générativité, non assimilable à la parenté, peut ainsi se définir comme « la préoccupation consciente envers les générations futures, les croyances quant à la valeur des êtres humains, les engagements et les actions en faveur des autres et la narration générative personnelle. McAdams et de St. Aubin (1992) sont les auteurs d'une échelle de générativité (*Loyola Generativity Scale* – LGS) qui évalue la préoccupation générative, c'est-à-dire la préoccupation consciente d'avoir un impact positif et durable sur les générations futures, en se concentrant sur les intentions et les croyances : être préoccupé par sa contribution au bien-être de la communauté, se sentir responsable envers autrui et développer des activités créatrices et qui peuvent être remémorées par les autres dans le futur[1] ». Erikson démontre également que la parentalité est une manière d'augmenter sa propre générativité. Non seulement

1. Graciete Franco-Borges *et al.*, « Enfant accepté – parent acceptant ? Les précurseurs du développement de l'identité parentale », *La Revue internationale de l'éducation familiale*, 1/2013 (n° 33), pp. 85-106 : « des niveaux élevés de générativité se sont révélés associés aux pratiques éducatives parentales de nature démocratique (Pratt, Danso, Arnold, Norris et Filyer, 2001 ; Hiel, Mervielde et De Fruyt, 2006) et les perceptions des pratiques éducatives parentales démocratiques par les adolescents s'associent à des niveaux plus élevés de générativité durant l'âge adulte (Lawford, Pratt, Hunsberger et Pancer, 2005) ».

l'enfant crée le parent, mais il recrée l'homme ou la femme, indépendamment de sa réalité parentale. « La générativité fait donc référence à un processus multiplicateur d'actions génératives. En d'autres termes, la préoccupation pour le bien-être de l'autre génère des actions bien traitantes qui, à leur tour, conduisent les bénéficiaires de ces actions à les transmettre à d'autres, augmentant ainsi leurs effets grâce à une chaîne de relations spécifiques avec le contexte[1]. » C'est là où le « faire famille » engendre toujours plus que la famille elle-même. Le « faire famille » ou la production multidirectionnelle de générativité permet l'émergence de futures familles et plus généralement d'une capacité de faire société avec elles. Les notions de continuité et de durabilité sont contiguës à celles d'attention, de soin porté aux autres, et plus généralement de générativité. Par ailleurs, en tant qu'enfant, participer à la création de son parent est une expérience essentielle pour le déploiement de son individuation. Konicheckis rappelle que la générativité est en dernière instance une relation réciproque, même si elle n'est pas immédiatement égalitaire. Il se réfère alors à la citation du *Faust* de Goethe qui se trouve vers la fin de *Totem et tabou* : « Ce que tu as hérité de tes pères, acquiers-le pour le posséder ». Quel sens accorder à cette formulation ? demande Konicheckis. « En quoi consiste cet héritage ? Quels processus psychiques permettent d'acquérir les héritages des générations précédentes ?

1. *Ibid.*

Naissons-nous en dette d'être nés ? En tout cas, cette formulation de Goethe laisse supposer que l'héritage ne comporte jamais un simple legs que la personne recevrait sans s'acquitter d'un échange. Elle rend compte du trouble inhérent et problématique lié à la prise de possession d'un bien hérité[1]. » Si le processus d'individuation de l'enfant relève éminemment de ce qu'il a reçu de ses parents, il n'en demeure pas moins qu'il ne lui est pas intégralement redevable, dans la mesure où il a sa part à faire dans l'acquisition de ce qu'il reçoit. Le don, pour être fécond, pour déployer toute sa valeur, nécessite une part de création de la part de celui qui le reçoit. Nous naissons en dette mais nous nous en acquittons en parachevant le processus d'individuation, ce qui peut donner paradoxalement au parent attentif un sentiment d'ingratitude. La générativité rappelle que l'autorité est toujours bicéphale : d'une part, elle est un surcroît de légitimité, une augmentation (du verbe *augere*) de la fondation, sans user de la force; d'autre part, elle est la forme créatrice, le fait d'être auteur (*auctor*). L'exercice de l'autorité parentale suppose tout particulièrement l'expérience de ces deux faces. L'autorité organise le temps plus que l'espace. Elle ne relève pas du pouvoir mais de la transmission. L'autorité est une vitesse parce qu'elle rend le temps efficace, elle confère au temps sa force opérationnelle. Dès

1. Alberto Konicheckis, « Générativité des transmissions et psychisme individuel », *Revue française de psychanalyse*, 2/2014, vol. LXXVIII, pp. 377-388.

lors, écouter l'autorité, c'est prendre conscience d'un temps propre, d'un temps qui joue pour soi. Si une société a besoin de l'autorité, c'est parce qu'elle lui permet d'assurer sa pérennité. Elle est ce qui assure la continuité des générations, dans la famille, dans la société : « C'est le caractère temporel de l'autorité – plus précisément la générativité – qui en fait une dimension incontournable du lien social : elle assure la continuité des générations, en rendant compte des crises, des ruptures qui en déchirent le tissu [...]. Il ne s'agit pas d'englober ces discontinuités dans une grande continuité totalisante et homogène, mais de penser la tension continu-discontinu [...] comme constitutive de la durée publique[1]. » En ce sens, l'autorité est moins ce qui ordonne notre vivre ensemble que la condition même de sa possibilité. C'est un « milieu de vie » au sens placentaire du terme.

L'ÉPREUVE DE L'IRREMPLAÇABLE, LE DEUIL

« Pour que la mort d'Albertine eût pu supprimer mes souffrances, il eût fallu que le choc l'eût tuée non seulement en Touraine, mais en moi. Jamais elle n'y avait été plus vivante. Pour entrer en nous, un être a été obligé de prendre la forme, de se plier au cadre du temps ; ne nous

1. Myriam Revault d'Allonnes, *Le Pouvoir des commencements*, Seuil, 2006.

apparaissant que par minutes successives, il n'a jamais pu nous livrer de lui qu'un seul aspect à la fois, nous débiter de lui qu'une seule photographie. [...] Et puis cet émiettement ne fait pas seulement vivre la morte, il la multiplie. Pour me consoler ce n'est pas une, ce sont d'innombrables Albertine que j'aurais dû oublier. Quand j'étais arrivé à supporter le chagrin d'avoir perdu celle-ci, c'était à recommencer avec une autre, avec cent autres. Alors ma vie fut entièrement changée. » Proust a décrit parfaitement ce que la mort de l'autre, l'autre aimé, provoque dans le sujet. Ce sont les pages d'*Albertine disparue*. S'y lève la difficulté majeure du deuil, non pas l'affaire du passé, mais celle du futur. L'affaire du deuil c'est l'avenir, c'est le temps qui se déroule désormais devant soi, et sans l'autre. Bien sûr c'est la nostalgie du temps avec l'autre. Mais ce qui fait mal, ce qui tue, c'est la douleur de toutes ces confrontations avec les réminiscences de l'autre. Et ces réminiscences de l'autre disent moins quelque chose de l'autre que quelque chose du moi. Non, le narrateur ne va pas vivre une fois pour toutes la mort d'Albertine. Ou plus précisément, il va vivre – une fois l'annonce de cette mort faite – mille fois, deux mille fois, n fois, la mort de chaque narrateur ayant vécu un moment avec Albertine. À chaque réminiscence, à chaque regard posé sur un objet, un rayon de lumière, un angle de la pièce, une rue de la ville, à chaque contact avec tout ce qui l'entoure, le narrateur va vivre sa mort, la mort de l'être qu'il était avec cette Albertine, si bien que le deuil est une mort sans cesse ressuscitée. Albertine est morte ; le regard du narrateur se pose sur le pianola, et soudain c'est la réminiscence du narrateur contemplant Albertine jouant du pianola qu'il faut tuer. Ou encore quand il la surprenait pensant à un autre ou à une autre, quand elle lui adressait un sourire, quand il la voyait arriver de sa fenêtre, ce sont tous ces milliers de narrateurs qu'il va falloir tuer. Et c'est pour cette raison que son premier réflexe sera de tirer les volets, d'installer le noir dans sa chambre pour éviter de croiser un rayon de soleil qui lui rappelle ce jour où il s'est posé délicatement sur la joue d'Albertine, où il éclairait son regard, comme celui où il l'avait vue arriver ou encore cet autre où elle lui souriait[1]. « De ma chambre obscure, avec un pouvoir d'évocation égal à celui d'autrefois mais qui ne me donnait plus que de la souffrance, je sentais que dehors, dans la pesanteur de l'air, le soleil déclinant mettait sur la verticalité des maisons, des églises, un fauve badigeon. Et si Françoise en revenant dérangeait sans le vouloir les plis des grands rideaux, j'étouffais un cri à la déchirure que venait de faire en moi ce rayon de soleil ancien [...], je me détournais violemment, sous la décharge douloureuse d'un des mille souvenirs invisibles qui à tout moment éclataient autour de moi dans l'ombre [...]. Je disais à Françoise de refermer les rideaux pour ne plus voir ce rayon de soleil. Mais il continuait à filtrer, aussi corrosif,

1. Cynthia Fleury, « Douleur, culture de la douleur et psychanalyse », *in* P. Beaulieu (dir.), *La Douleur chronique*, Presses universitaires de Montréal, 2011.

dans ma mémoire. [...] Demain, après-demain, c'était un avenir de vie commune, peut-être pour toujours, qui commençait, mon cœur s'élança vers lui, mais il n'est plus là, Albertine est morte. [...] maintenant il fallait s'arrêter court devant ce même abîme, elle était morte. Ce n'était plus assez de fermer les rideaux, je tâchais de boucher les yeux et les oreilles de ma mémoire, pour ne pas voir cette bande orangée du couchant, pour ne pas entendre ces invisibles oiseaux qui se répondaient d'un arbre à l'autre de chaque côté de moi, qu'embrassait alors si tendrement celle qui maintenant était morte. »

Comme l'a décrit Deleuze, le « moi » proustien est feuilleté, émietté. Il ne s'agira donc pas de faire le deuil d'Albertine, il faudra faire le deuil impossible de tous les « moi » d'Albertine et de tous ceux du narrateur à ses côtés, sans oublier ceux fantasmés dans le futur. Le deuil fait découvrir la myriade d'instants, de micro-unités, qui constituent l'individu, l'innombrable de ses vécus. Le deuil, c'est l'avenir qui s'efface devant soi, mille instants qui disparaissent et dont la valeur féconde ne sera plus saisie avec l'autre, grâce à l'autre. C'est mille formes d'individuations qui s'échappent pour toujours. C'est une décharge dont l'amplitude n'a plus aucun rapport avec le monde qui l'environne. Tout fait mal alors que le Réel est soudainement atone. Ce qui s'éteint, c'est une voie de l'individuation programmée, celle qu'on avait imaginée, construite, rêvée. C'est, derrière le « tu », l'« ensemble » – ce monde façonné avec l'autre – qui constitue l'individuation et qui désormais n'existe plus. Et le souvenir n'y pourra rien, dans sa force de réanimation, car il est aussi corrosif que la réalité de la mort. Se souvenir pour l'instant est impossible. Sans doute, une voie du souvenir est-elle aussi close. C'est la vieille phrase de Lord Byron dans *Marino Faliero* : « Le souvenir du bonheur n'est plus du bonheur ; le souvenir de la douleur est de la douleur encore. »

L'autre expérience de l'irremplaçable, plus douloureuse encore, c'est la mort de l'enfant, de son enfant. « On sait, écrit Freud au moment de la mort de sa fille Sophie, que le deuil aigu que cause une telle perte trouvera une fin, mais qu'on restera inconsolable, sans trouver jamais de substitut [...]. Tout ce qui prendra cette place, même en l'occupant entièrement, restera toujours *quelque chose d'autre*[1]. » Là, c'est la mort de sa générativité même qui surgit. L'enfant reste toujours l'incarnation de la faculté générative de l'individu. Il meurt, et la dynamique propre d'individuation est suspendue. Chez la mère, tout se confond, générativité, génération, engendrement. L'enfant meurt et ce sont toutes c(s)es facultés qui sont atteintes. Pour une femme ou un homme, perdre un enfant, c'est toujours découvrir la béance, l'écho interminable. Tout fera écho à la mort de l'enfant. Celle-ci met à l'épreuve le sens de la génération, la validité même d'un tel concept lorsque le destin inverse les morts du parent et de l'enfant. « À bientôt, ma Didine, écrit

1. Sigmund Freud, Ludwig Binswanger, *Correspondance 1908-1938*, Paris, Calmann-Lévy, 1995, pp. 421-422.

Hugo en 1834 à sa fille Léopoldine. Garde toujours cette lettre. Quand tu seras grande, je serai vieux, tu me la montreras, et nous nous aimerons bien ; quand tu seras vieille, je n'y serai plus, tu la montreras à tes enfants et ils t'aimeront comme je t'aime. À bientôt. » Des mots dont la simplicité signifie celle de la vie qui se brise dans la mort de l'enfant. Rien n'est désormais plus continu. Tout est disruptif. C'est un silence qui est chaos.

Certes, Hugo, Mallarmé, Emerson transformeront le deuil de l'enfant. *Les Contemplations* content l'indicible frontière entre « Autrefois » et « Aujourd'hui », les deux espaces-temps du recueil. « Ce livre où vit mon âme, espoir, deuil, rêve, effroi, Ce livre qui contient le spectre de ma vie, Mes angoisses, mon aube, hélas ! de pleurs suivie, [...] Ce livre azuré, triste, orageux, d'où sort-il ? D'où sort le blême éclair qui déchire la brume ? Depuis quatre ans, j'habite un tourbillon d'écume ; Ce livre en a jailli. » Que reste-t-il de la mort de l'enfant ? Il reste un être amputé de sa dynamique d'individuation. Un être dont la passivité ne peut rien recevoir. « Qu'ai-je appris ? J'ai, pensif, tout saisi sans rien prendre. J'ai vu beaucoup de nuit et fait beaucoup de cendre. Qui sommes-nous ? que veut dire ce mot : Toujours ? J'ai tout enseveli, songes, espoirs, amours, Dans la fosse que j'ai creusée en ma poitrine[1]. » Un individu qui fait l'expérience de l'absence de

1. Victor Hugo, « À celle qui est restée en France », poème écrit à Guernesey le 2 novembre 1855, jour des morts, *Les Contemplations*.

finalité de l'individuation elle-même. La mort fait accéder par force à cette vérité ultime. Il faut ici un immense talent pour n'être pas seulement sa victime. Car vivre une telle démesure – une telle *déréalisation*, au sens où elle défait le Réel parcouru de la vie, l'annule, comme s'il n'y avait pas eu de vie – est une douleur qui détruit jusqu'à rendre fou.

Mallarmé, lui non plus, n'est pas devenu fou. Le *Tombeau d'Anatole* est la preuve de la renaissance du poète, même fragmentaire. La mort est ici hymen. « Tu peux, avec tes petites mains, m'entraîner dans ta tombe – tu en as le droit – moi-même qui te suis moi, je me laisse aller – mais si tu veux, à nous deux faisons [...] une alliance un hymen, superbe – et la vie restant en moi je m'en servirai pour[1]. » La seule ébauche de ces lignes témoigne de la faculté créatrice de Mallarmé. Le poème a beau n'être que fragment, note, trace de l'inénarrable, il n'en demeure pas moins sublimation, individuation poétique. À l'irremplaçabilité d'Anatole, le fils, se substitue l'irremplaçabilité de l'œuvre, ce *Tombeau d'Anatole*. Il ne s'agit même pas de substitution car rien ici n'est substituable. Il s'agit d'une continuité des irremplaçabilités. La mort de l'enfant met à nu les catégories les plus fondamentales de la vie. C'est le crépuscule des Idées. Longtemps, rien ne résiste à la

1. Stéphane Mallarmé, *Pour un tombeau d'Anatole*, Seuil, 1961, introduction de Jean-Pierre Richard, f. 39-40, pp. 137-138. Voir également Cynthia Fleury, *Mallarmé et la parole de l'imâm*, éditions d'écarts, 2001.

mort de l'enfant. La renaissance poétique, si elle advient un jour, ce qui n'est nullement certain, la renaissance est d'abord un long crépuscule. Chez Emerson, la mort du fils provoque aussi une renaissance aux allures spectrales : « Les seigneurs de la vie, les seigneurs de la vie, – Je les ai vus passer, En apparence, Semblables et dissemblables, Imposants et lugubres ; Usage et Stupeur, Surface et Rêve, Vive Procession et Mal spectral, Humeur privée de langue, Et l'inventeur du jeu Omniprésent sans nom ; – Certains pour voir, certains pour être devinés, Ils avançaient d'Orient en Occident : L'enfant, l'infime, Dans les jambes de ses hauts gardes, Allait et venait étonné : – La Nature le prit par la main, Nature si chère, forte et bienveillante, Murmura : Bien-aimé cela ne fait rien ! Demain ils auront un autre visage, Tu es le fondateur ! Voici ta descendance[1] ! » Mais pour si peu de talentueux finalement préservés par la chance du talent, un si grand nombre de désœuvrés.

Le deuil du suicidé revêt quelque chose du deuil de l'enfant. Car il y a dans le suicide cette

1. « *The lords of life, the lords of life, – I saw them pass, In their own guise, Like and unlike, Portly and grim, – Use and Surprise, Surface and Dream, Succession swift and spectral Wrong, Temperament without a tongue, And the inventor of the game Omnipresent without name; – Some to see, some to be guessed, They marched from east to west: Little man, least of all, Among the legs of his guardians tall, Walked about with puzzled look. Him by the hand dear Nature took, Dearest Nature, strong and kind, Whispered, "Darling, never mind! To-morrow they will wear another face, The founder thou; these are thy race!"* », Emerson, *Experience*, 1844.

part de l'avenir dont on fait le deuil délibérément. La mort de l'autre pénètre par effraction. La mort, c'est toujours l'effraction du Réel. Mais la mort par accident, celle de l'enfant, ou celle du suicidé, dessine une effraction plus béante encore. Le manque se nimbe de mystère. Il n'y aura pas cette forme de compréhension possible, au terme du deuil. Il y aura toujours un territoire immense, celui de l'incompréhension. La progression de l'endeuillé par suicide sera en partie « déterminée par ses capacités à renoncer à tout savoir, à tout comprendre de cet acte si étrange, c'est-à-dire à occuper indéfiniment cette place d'interprète en quête de sens. L'évolution de son deuil sera étroitement liée à sa capacité de reconnaître et d'accepter la part d'insondable, de mystère, inhérente au suicide de l'autre. La recherche "pulsionnelle" du sens s'apaisera au moment où l'endeuillé attribuera, paradoxalement, à cette mort qui est en soi pur Réel, hostile et étrangère, une valeur symbolique. Celle, a minima, que le suicide, à défaut de le comprendre, est toujours le signe tangible d'une souffrance insupportable[1] ».

Enfin, il est une notion, par essence fausse, dont on use encore pour définir la vie de ceux qui arrivent après la catastrophe, l'enfant de remplacement. Un oxymore en soi. Les enfants de remplacement n'existent pas. Certes, il est évident que l'enfant né après le deuil d'un puîné est

1. Marc-Élie Huon, « Le sujet endeuillé du suicide : du traumatisme à l'élaboration psychique de la perte », *Études sur la mort*, 1/2005, n° 127, pp. 91-100.

directement lié à ce dernier. Il aura toute sa vie une charge symbolique supplémentaire, en quasi-dialogue avec la sienne propre. À travers sa vie se déroulera en creux celle qui n'a pas eu lieu. Certes, « l'enfant à naître remplit une mission difficile. Dans l'inconscient des parents, il est confondu avec l'enfant mort. Cette identification à l'enfant perdu, idéalisé, est source de comparaison et de compétition impossible à dépasser. L'enfant de remplacement vit identifié à un objet mort. Il doit faire lui-même le deuil de l'enfant perdu par ses parents, deuil que ceux-ci ne sont pas parvenus à élaborer[1] ». Pour autant, il ne remplace rien et sans doute, le devenir parent ne pourra se faire qu'à la condition d'une expérience incessante du deuil de ce non-remplacement. La psychopathologie a néanmoins identifié une série de maux vécus par ces enfants. Certains sont devenus d'illustres[2] irremplaçables, d'ailleurs. Chateaubriand porte précisément le prénom, doublement symbolique, de son frère aîné décédé : Re-né. Van Gogh n'aura de cesse de conter son malaise à la vue de la tombe de son frère, sur laquelle il peut lire distinctement son nom[3]. Rilke vint après Sophie, morte avant sa naissance. Et le poète d'écrire : « Nous nous rappelâmes qu'il y avait un temps où maman désirait que je fusse une petite fille et non

1. Benoît Bayle, « Conception humaine et troubles de la personnalité », *Le Carnet PSY*, 2/2001, n° 62, pp. 30-33.

2. Éric Nusslé, « Enfants de remplacement célèbres », *Société neuchâteloise de généalogie*, bulletin n° 1.

3. Viviane Forrester, *Van Gogh ou l'Enterrement dans les blés*, Paris, Seuil, 1983.

pas ce garçon que, mon Dieu, oui, il fallait bien que je fusse. J'avais deviné cela, je ne sais plus comment, et j'avais eu la pensée de frapper quelquefois l'après-midi à la porte de maman. Quand elle me demandait alors qui était là, j'étais tout heureux de répondre du dehors "Sophie" d'une voix que j'amenuisais si bien qu'elle me chatouillait la gorge. Et lorsque j'entrais ensuite (dans mon petit vêtement d'intérieur aux manches relevées qui ressemblait presque à un déshabillé de fillette), j'étais tout simplement Sophie, la petite Sophie de maman qui s'occupait dans le ménage et à laquelle sa maman devait tresser une natte, pour qu'il n'y eût surtout pas de confusion avec le vilain Malte, si jamais il revenait[1]. » Ces enfants vont devoir, pour procéder à leur individuation propre, se démêler des rets du précédent, ou plutôt des rets de l'inconscient des parents, comme de leur imaginaire. Mais découvrir l'irremplaçabilité de l'enfant, et des liens qu'il tisse avec les parents, délivrera chacun – non de l'incurable, mais de sa douleur.

À l'irremplaçable de l'individuation correspond l'irremplaçable de la mort. Mais ce dernier ne détient pas l'intégrale du premier. Pour autant, il s'y joue la « prise-au-sérieux » que l'individuation représente. Jankélévitch la définit par trois vocables : effectivité, imminence, concernement personnel. Le sentiment de vieillesse est d'ailleurs une première approche du sentiment de

1. Rainer Maria Rilke, *Les Cahiers de Malte Laurids Brigge*, Seuil, « Points », 1980.

l'imminence de sa propre mort. Ressentir la vieillesse, c'est faire connaissance avec l'idée de sa propre fin, avec cette irréalité-là. Le milieu de la vie est toujours fin de vie. C'est faire connaissance aussi avec soi-même, dans la mesure où vieillir renvoie indifféremment à la mort et à la vie que j'ai vécue et ne vivrai plus dès lors. La mort fait cercle. Prendre conscience de sa propre mort, c'est ressentir l'intensité de l'individuation, là où la pensée et le Réel forment un tout. « Je sais pardevers moi ce que je sais… Maintenant je sais », dit Vassili Andréitch. Et Jankélévitch de commenter : « cette tautologie exprime l'idée d'un savoir, qui, au lieu de déboucher sur l'objet, renvoie à soi-même[1] ». C'est là une définition de l'une des dynamiques de l'individuation. Non pas transformer l'autre en objet mais saisir, au travers des objets découverts et des sujets rencontrés, le chemin vers le processus de subjectivation. La mort fait chemin. Non vers un au-delà. Mais vers l'immanent que l'individu est.

Seulement, le sentiment de sa propre vieillesse est tardif. Le chemin n'est donc pas si visible. Ressentir l'individuation, avec le mordant de cette expérience létale, n'est pas si commun, dans les premières décennies de sa vie. Même si la mort est connue, même si l'individuation est bien comprise, rien n'est vécu, ni compris réellement. Il y a toujours diversion, échappatoire. Or, la mort scelle la fin de l'échappatoire. Non pas théoriquement. Elle met fin au langage. C'est là sans doute

1. Vladimir Jankélévitch, *La Mort, op. cit.*, p. 466.

une épreuve des plus paradoxales et déstabilisantes, cette fin de la coïncidence du monde et du langage, celle-là même qui nous a aidés dans la poursuite de notre individuation. Cela se brise et faire l'épreuve de cette brisure relève aussi de l'individuation. Enfant, on peut avoir perdu un frère ou une sœur, et déjà la non-coïncidence du monde et du langage s'est révélée : pourquoi tel enfant mort et pas tel autre ? À chaque contact avec les parents, se sentir coupable d'être encore en vie, ne pas comprendre exactement le sens de cette non-mort de soi-même. Pour d'autres qui ont échappé à la mort de la fratrie, le premier contact avec la brisure, ce sera la mort des parents. La disparition de l'incarnation de l'origine. « La mort de nos parents ne nous a rien appris matériellement que nous ne sachions depuis toujours ; tout ce qu'il y a à savoir sur ce chapitre, nous le savions déjà : que les hommes en général sont mortels, et que l'être cher doit mourir, [...] puisqu'il est l'un de ces hommes. [...] Qu'a-t-il appris en somme, cet être en deuil nouvellement initié à la vérité immémoriale ? Il n'a rien appris de nouveau, et pourtant il a sans doute compris quelque chose, compris je ne sais quoi d'impalpable qui n'a de nom dans aucune langue [...], la découverte d'une profondeur méconnue[1]. » La mort des parents, c'est un saut dans le vide. Le sentiment de délivrance, s'il peut exister, n'empêche pas le saut dans le vide. La mort des parents dessine-t-elle la mort de l'enfance ? En un certain sens, oui. Si l'enfance est la

1. *Ibid.*, p. 16.

prise au sérieux de la vie, l'âge adulte est le savoir inversé, la prise au sérieux de la mort. « Quittant la région livresque [...], l'homme aborde un événement destiné à advenir pour de bon[1]. » Ce même sérieux que l'enfant met à jouer, l'individu le ressent face à l'élément nouveau du jeu, celui qui le clôt. Désormais, il faudra jouer aussi avec cela, non au sens de quelque chose que l'on feint, mais au sens de la fin de la possibilité de feinter. L'individuation n'est pas autre chose que la prise de conscience de l'insuffisance de l'action de feinter.

Comme il y a des « fois » qui n'en sont pas. La vie, si habituellement constituée de « fois », nous convoque pour une expérience qui ne se renouvellera pas. Le fait même de ne pouvoir la reproduire l'annule en termes d'expérience. Comme s'il y avait des savoirs que l'on ne peut transmettre, et qui ne peuvent que se vivre. « La toute dernière fois dément sa vocation de *fois*, qui est d'en appeler ou d'en annoncer d'autres ; cette fois, comme toutes les fois, présage une suite alors qu'elle est elle-même la fin... Le néant commence ce soir, et il durera toujours[2]. » L'individuation demeure ce face-à-face avec le néant qui toujours subsiste derrière la relation avec le « tu ». C'est le sens même du *pretium doloris*. Conscient de cela, voire l'ayant déjà éprouvé, il faut pourtant déployer l'*imaginatio vera* pour maintenir la possibilité d'une individuation. Telle est l'exigence de sublimation et le sens premier de l'œuvre. Alors,

1. *Ibid.*
2. *Ibid.*, pp. 321-322.

œuvrer sublime l'agir et constitue l'individuation. Si la tâche de la sublimation est immense, ce n'est pas parce que sa difficulté la rend inatteignable. Là encore, l'intuition est renversée. Le néant n'est pas la rencontre de l'exceptionnel. C'est la découverte du banal dont on ne se remet pas. La « fois » qui ne vaut rien alors qu'elle vaut tout pour l'individu. Un savoir dont l'amertume n'a d'égale que l'ampleur de la sublimation qu'il va falloir produire. « La dernière fois ne recèle aucun secret[1] », écrit Jankélévitch. S'il est un secret, c'est celui de la mort ne livrant rien. « Il n'y a pas de soupirs métaphysiques [...], le secret de la mort n'a pas son siège dans le contenu du dernier instant[2]. » La dernière parole est inutile. Sublimer, c'est affronter l'inutilité de cette dernière parole, non pour la nier, en lui donnant une signification qu'elle ne possède pas, mais la faire sienne, autrement dit poursuivre l'individuation, poursuivre cet improbable tissage entre l'individu et le Réel. Il faudra faire de ce rien une compagnie. Socrate, lui-même, n'a pas démenti l'insignifiance de la parole ultime : « Sacrifiez un coq à Esculape. » Et Jankélévitch de commenter « c'était bien la peine de retenir sa respiration[3] ». Ironie de la remarque qui souligne la dernière vanité de l'homme, mais qui montre déjà le travail de sublimation de la *vis comica*. Car, en dernière instance, il s'agit bel et bien de retenir sa respiration.

1. *Ibid.*, pp. 361.
2. *Ibid.*, pp. 363-364.
3. *Ibid.*, p. 364.

La mort des parents est une épreuve de l'individuation, à double titre. En premier lieu, l'irremplaçabilité des parents s'éprouve. En deuxième lieu, la découverte du versant mortel du jeu, le fait qu'on ne puisse pas en sortir. « Aussi la mort d'un être cher est-elle presque comme la nôtre [...]; la mort d'un père ou d'une mère est presque notre mort, et d'une certaine façon elle est en effet la mort-propre : c'est l'inconsolable qui pleure ici l'irremplaçable. » Le « tu », c'est précisément l'irremplaçabilité du « il ». Ainsi donc disparaît le « tu », mais plus encore, avec le « tu » disparaît le dernier rempart entre le savoir théorique et le savoir réel de la mort. « Quant à la mort de nos parents, elle fait disparaître le dernier intermédiaire interposé entre la mort en troisième personne et la mort-propre ; le dernier glacis est tombé, qui séparait de notre mort personnelle le concept de la mort[1]. » S'il se joue avec le « tu » un tel principe d'individuation, c'est parce qu'il est le viatique privilégié de la rencontre avec le Réel. Un monde se ressent par le partage qu'il permet. L'irremplaçabilité des êtres, c'est la porte d'entrée du Réel. Si la mort de l'autre, du « tu », provoque une telle douleur, c'est parce qu'elle fait disparaître et l'être aimé et le monde auquel il permettait l'entrée. Tout se ferme. Pour continuer à vivre, il faudra recréer de nouvelles portes et voies d'accès. Il faudra de nouveau viser le caractère irremplaçable des choses alors même que l'on sait leur évanescence. Construire de nouveau

1. *Ibid.*, p. 29.

ce chemin, alors que l'on sait qu'il va disparaître, s'avère parfois insurmontable. On pénètre alors un autre monde : l'absence de monde. Le clos. Pour l'enfant qui perd un parent avant d'avoir pu expérimenter l'irremplaçable transmission, c'est presque l'inverse : un ouvert, si terriblement béant qu'il en devient terrifiant. Tout fait monde avant l'heure. Et les stratégies infantiles pour résister à une telle effraction seront aussi nombreuses que les individus qui les conçoivent consciemment ou inconsciemment.

LE DOGME DU POUVOIR

Existe-t-il des conditions légitimes d'exercice du pouvoir ?

(SE) MAINTENIR DANS L'ÉTAT DE MINORITÉ

Dans sa *Leçon du 5 janvier 1983*, Michel Foucault reprend le texte kantien sur l'Aufklärung (1784), et plus spécifiquement le sens de la philosophie. La question de l'individuation y est inséparable de celle de la sortie de la minorité, elle-même indissociable du questionnement sur la légitimité du pouvoir politique. Les Lumières content culturellement, politiquement, scientifiquement cette sortie individuelle et collective de l'état de minorité, elles désignent cette « période qui se désigne elle-même, [...] qui formule elle-même sa propre devise, son propre précepte, et qui dit ce qu'elle a à faire, tant par rapport à l'histoire générale de la pensée, de la raison et du savoir, que par rapport à son présent et aux formes de connaissance[1] ». Qu'est-ce que la

1. Michel Foucault, *Le Gouvernement de soi et des autres*, cours au Collège de France, 1982-1983. Gallimard/Seuil, rééd. 2008, p. 16.

minorité ? C'est la vieille question philosophique du « connais-toi toi-même » entravé, l'inversion de souci de soi, l'oubli de soi en somme, ou encore la servitude volontaire au sens de La Boétie. Éternelle question, plus déterminante que celle de l'origine. Ou plutôt, celle-là même qui scelle notre origine et notre futur, plus encore que l'inverse. Car ce qui est ici rappelé par Kant, c'est le fait que notre origine naturelle ne nous conditionne nullement à la servitude. « Qu'est-ce que les Lumières ? La sortie de l'homme de sa minorité dont il est lui-même responsable. Minorité, c'est-à-dire incapacité de se servir de son entendement (pouvoir de penser) sans la direction d'autrui, minorité dont il est lui-même responsable (faute) puisque la cause en réside non dans un défaut de l'entendement mais dans un manque de décision et de courage de s'en servir sans la direction d'autrui. *Sapere aude !* (Ose penser.) Aie le courage de te servir de ton propre entendement. Voilà la devise des Lumières. » Ne pas penser par soi-même reste une décision. Ces non-agir et non-penser sont même les actes les plus courants chez l'homme. Il n'y a là aucune forme d'ignorance mais, à l'inverse, l'assimilation servile des codes préexistants. Le récit de l'origine n'a rien de naturel. Il nous est conté par la société et ceux qui se présentent comme « nos pairs ». Et l'idéologie du pouvoir parachève ce récit de l'origine, en donnant aux uns – au détriment des autres – le droit de penser et d'agir en leur nom propre, et au nom des autres. *La République* de Platon a fixé la formule, souligne Jacques Rancière : « que chacun fasse sa propre affaire et développe la vertu propre à sa condition[1] ». Magistrale formule qui montre la naturalisation de l'arbitraire inaugural. Il ne s'agira nullement de « propre ». Il s'agira, à l'opposé, de se conformer au propre désigné par autrui, c'est-à-dire par la société, et ses récits de l'origine et de légitimités afférents. La division du travail en est un nom plus moderne. Dans un souci de productivisme (au profit de qui ?), la modernité l'a renforcée. Pour la rendre plus acceptable, elle en a fait une question contractuelle, en apparence liée au consentement. Finalement, l'homme est d'autant plus « productif » pour autrui qu'il n'interroge pas l'état de minorité dans lequel il se trouve. « Il suffit de croire à son infériorité, on n'a pas le temps de ne pas y croire, pas le temps d'être ailleurs qu'au lieu où l'on est forcé d'y croire[2]. » Si l'exploitation capitalistique génère si peu de révoltes, ce n'est pas parce qu'elle ne suscite pas de polémique, voire de rejets. Mais parce qu'elle capte, plus encore que les richesses, l'attention des individus. Les individus sont distraits, divertis au sens pascalien, ils sont occupés, pleinement occupés à ne pas penser car la non-pensée est une jouissance. « La réussite du capital [...] tient [...] à ceci qu'il réussit chaque jour, pour chacun, à transformer *"le temps presse"* en *"je n'ai pas le temps"*. Si les sujets [...] ne sont pas dans la lutte [...] c'est avant tout parce qu'ils n'ont

1. Jacques Rancière, *Le Philosophe et ses pauvres* (1983), Flammarion, « Champs », rééd. 2007, préface, p. IV.
2. *Ibid.*

pas le temps de la mener[1]. » Du moins en sont-ils convaincus. C'est là où le capitalisme cesse sa parenté avec l'État de droit pour retrouver sa filiation avec l'exploitation de l'homme, l'esclavage n'étant ni plus ni moins qu'une captation répressive de l'attention alors que le XXIe siècle lui préfère les captations divertissantes. L'attention est par essence l'antichambre du souci de soi et des autres. Le capital l'a compris et l'instrumente régulièrement si bien que « faire attention à soi » est devenu un marché. La société marchandise ce « temps pour soi » si bien que « faire attention à soi » est nécessairement coûteux. Ce temps qui nous a été confisqué, il faut l'acheter, le racheter en somme et l'occuper en payant encore une quelconque activité marchande de soin.

LES DÉSUBSTANTIALISATIONS DU TEMPS ET DU LANGAGE

La conquête du temps est pour la liberté son premier défi. Le facteur d'exclusion est bien l'absence de temps. Le temps pour soi. Le temps dont on définit soi-même la teneur et la valeur. Capter le temps est l'office du pouvoir. La verbalisation du temps est aussi un enjeu. Dire la nature du temps pour en prendre conscience, et ne pas le laisser inopérant. Réduire le temps, c'est aussi réduire le temps où l'on parle. Réduire

1. Bernard Aspe, 2013, cité *in* Yves Citton, *L'Économie de l'attention*, *op. cit*.

le langage est la première opération de l'Angsoc[1]. On ne dit pas « ministère de la Vérité » ou « Commissariat aux archives », on dit « Miniver » ou « Comarch ». Cette ablation des mots permet plusieurs choses : d'abord ne plus être apte à penser la nature de ce que l'on pense. Le « Comarch » n'a de sens que pour les inclus. Et une fois intériorisé, il peut commencer à signifier tout autre chose, et permettre sans souci la réification du passé. En abrégeant un mot, on abrège sa potentialité herméneutique. On le rend plus littéral encore, asservi à sa propre lettre. « Les mots *communisme international*, par exemple, évoquaient une image composite : universelle fraternité humaine, drapeaux rouges, barricades, Karl Marx, Commune de Paris, tandis que le mot *comintern* suggérait simplement une organisation étroite et un corps de doctrine bien défini[2]. » Ces mots amputés permettent également d'« économiser du temps » : parler plus vite pour ne plus penser ce que l'on dit, et restreindre le temps même de l'énonciation, qui pourrait être inopinément l'occasion d'une déconstruction. Le Commissariat aux romans, le *Comrom*, est une atteinte directe à la fonction d'ouverture noétique (et créatrice) de la langue. Certes, le langage porte en lui sa dérive totalitaire. « Le langage est une législation, la langue en est le code. Nous ne voyons pas le pouvoir qui est dans la langue, parce que nous

1. Terme qui désigne le socialisme anglais en novlangue, *in* George Orwell, *1984*, *op. cit*.
2. *Ibid.*, p. 432.

oublions que toute langue est un classement, [...] Jakobson l'a montré, un idiome se définit moins par ce qu'il permet de dire, que par ce qu'il oblige à dire. [...] Parler, et à plus forte raison discourir, ce n'est pas communiquer, [...] c'est assujettir. » Les sophistes ont jeté leur dévolu sur la langue parce qu'ils ont saisi la force d'assujettissement qu'elle était. « La langue [...] est tout simplement : fasciste ; car le fascisme, ce n'est pas d'empêcher de dire, c'est d'obliger à dire[1]. » Réduire la performativité du dire à du fascisme est contestable. La verbalisation est par définition commencement, et pas nécessairement stricte verbalisation du (et dans le) monde préexistant : verbaliser, c'est créer aussi un monde. C'est déjà une première délivrance. Mais cerner l'allégeance au pouvoir qu'est structurellement la langue rappelle la difficulté de la sortie de la minorité. La vraie nature du pouvoir est circulatoire. Elle aura besoin du langage pour se fonder, s'extérioriser en donnant la réalité qu'elle n'a pas, s'intérioriser pour créer le consentement dont elle a besoin pour perdurer. C'est tout l'imaginaire instituant de la domination qu'il faut déconstruire. Et le langage sert souvent de premier barrage, en empêchant de penser la réalité de la domination et le fait que le pouvoir ne soit qu'un dogme, autrement dit un fait de violence institué en fait de croyance puis en fait de légitimité. Mais cette scène de l'itinérance de

1. Roland Barthes, *Leçon*, texte de la leçon inaugurale de la chaire de sémiologie littéraire du Collège de France, prononcée le 7 janvier 1977, Seuil, « Points », 1989.

la violence devenue croyance devenue légitimité s'élabore sur un temps qui ne donne plus à voir celle-ci d'un seul tenant. Si bien que le langage lui-même organise la disparition de la violence et masque le secret du pouvoir, à savoir sa simple usurpation, consolidée par la suite en organisation socioculturelle. « Lorsque moi j'emploie un mot, dit Heumpty Deumpty, [...] il signifie exactement ce qu'il me plaît qu'il signifie... Ni plus, ni moins. — La question, dit Alice, est de savoir si vous avez le pouvoir de faire que les mots signifient autre chose que ce qu'ils veulent dire. — La question, riposta Heumpty Deumpty, est de savoir qui sera le maître... un point, c'est tout[1]. » Ce dialogue imaginaire d'Alice dit simplement la vérité crue de l'origine du pouvoir. Il n'est pas le fruit de la pensée et du langage. Il est ce qui façonne la pensée, par sa violence inaugurale. Il fait d'autant plus langage qu'il doit effacer cette absence de légitimité. Mais face à cette langue amputée, il y a un autre usage de la langue car l'origine est un fait que l'on ne peut intégralement masquer dans la mesure où ce qu'on croit masquer comme origine se dérobe dès lors qu'on l'a masqué. L'origine par définition remonte toujours plus haut, et il faut masquer encore. La question de l'origine rend interminable l'acte pour masquer le mensonge. Le mythe du bon pouvoir prend alors le relais.

Pour autant, l'important de la leçon de Barthes est ailleurs : découvrir la langue hors-pouvoir

1. Lewis Carroll, *Alice au pays des merveilles* (1865), GF-Flammarion, rééd. 1979, p. 281.

alors qu'elle sert si bien, habituellement, les objectifs du pouvoir. Précisément découvrir la puissance de l'écrivain, seul susceptible de déconstruire *la servitude des signes* et de proposer, dès lors, une rencontre avec le Réel, hors du mensonge du pouvoir. « Dans la langue, donc, servilité et pouvoir se confondent inéluctablement. Si l'on appelle liberté, non seulement la puissance de se soustraire au pouvoir, mais aussi et surtout celle de ne soumettre personne, il ne peut donc y avoir de liberté que hors du langage. Malheureusement, le langage humain est sans extérieur : c'est un huis clos. [...] à nous, qui ne sommes ni des chevaliers de la foi ni des surhommes, il ne reste, si je puis dire, qu'à tricher avec la langue, qu'à tricher la langue. Cette tricherie salutaire, cette esquive, ce leurre magnifique, qui permet d'entendre la langue hors-pouvoir, dans la splendeur d'une révolution permanente du langage, je l'appelle pour ma part : *littérature*[1]. » Autrement dit, la littérature invente l'échappée symbolique, pas simplement l'usage de nouveaux signes et de nouveaux symboles, pas simplement le jeu avec la signification, mais l'invention d'un champ de liberté cognitive nommant ce qui n'a jamais été nommé, susceptible ainsi de lui donner vie et sens. Un ailleurs qui est Réel. Les *Récits de la Kolyma* contiennent précisément cette tentative de la langue pour s'extraire de la réalité destructrice dans laquelle l'individu est plongé dans les camps du goulag. Le goulag est d'ailleurs tout

1. Roland Barthes, *Leçon*, *op. cit.*

autant qu'une destruction de la réalité une destruction du langage. Chalamov, par la verbalisation, lutte de toutes ses forces symboliques pour ne pas se réduire simplement à ce qu'il vit. Ne pas être autre chose que sa survie, voilà déjà ce que le langage par le maintien de son ambition empêche. Le dire, c'est déjà récupérer du sujet. « Dans quelle langue m'adresser au lecteur ? Si je privilégiais l'authenticité, la vérité, ma langue serait pauvre, indigente. Les métaphores, la complexité du discours apparaissent à un certain degré de l'évolution et disparaissent lorsque ce degré a été franchi en sens inverse. De ce point de vue, le récit qui va suivre est inévitablement condamné à être faux, inauthentique. Pas une fois je ne m'attardai sur une pensée. [...] Pas une fois durant toutes ces années, je n'admirai un paysage [...]. Comment retrouver cet état et dans quelle langue le raconter ? L'enrichissement de la langue, c'est l'appauvrissement de l'aspect factuel, véridique du sujet[1]. » Là où il n'y a plus personne, ni le monde lui-même, ni les individus qui le composent, pour permettre l'individuation, il reste encore la possibilité de la littérature, le souvenir minable à transformer. « Mon langage, le langage grossier des gisements, était pauvre, aussi pauvre que les sentiments qui subsistent encore près des os. *"Lever, départ au travail, déjeuner, fin du travail, coucher, citoyen chef, permettez-moi de vous demander, la pelle, la fouille, à vos ordres, le foret, le*

1. Varlanne Chalamov, *Récits de la Kolyma*, préface de Luba Jurgenson, postface de Michel Heller, Verdier, rééd. 2003, p. 8.

pic, il fait froid dehors, il pleut, la soupe est froide, la soupe est chaude, le pain, la ration, laisse-moi ton mégot" : je me contentais d'une vingtaine de mots depuis bien des années[1]. » Un homme à qui l'on refuse tout agir libre peut encore lutter, intrinsèquement, pour ne pas perdre sa langue. Comme une conquête pour l'avenir. Garder, par-devers le soi meurtri, ce qui féconde le soi. Pour Bauman et Steiner, le langage est une pharmacopée. Dans sa structure même réside la sublimation, la possibilité de circuler dans le temps et par-delà la mort, la possibilité d'agir alors que tout empêche. « C'est parce que nous pouvons raconter des histoires, fictives ou mathématico-cosmologiques, à propos d'un univers de plusieurs milliards d'années ; c'est parce que nous pouvons... conceptualiser le lundi matin après notre crémation ; c'est parce que ces phrases avec des *"si"*... peuvent, prononcées selon notre volonté, nier, reconstruire, changer le passé, le présent et l'avenir, cartographiant autrement les déterminants de la réalité pragmatique, que l'expérience continue à valoir la peine d'être faite. L'espoir réside dans la grammaire[2]. » Le talent caché de la verbalisation est sans doute l'une des découvertes de l'analyse. L'analysant découvre dans le lieu même de la fébrilité sa propre assiette. Il découvre le pouvoir du langage, non pas ses effets de réel, mais le Réel. Ce qu'il a

1. *Ibid.*, pp. 521-522.

2. George Steiner, *Errata : an examined life*, Phoenix, 1998, p. 85, cité *in* Zygmunt Bauman, *Vies perdues. La modernité et ses exclus* (2004), Rivages poche, 2008, p. 190.

vécu. Ce qu'il vit. Comme une enquête, les bribes de vie surgissent. La vie fait lien, non pour signifier une destinée élaborée en surplomb. Verbaliser, c'est faire lien. L'individuation n'est pas nier l'émiettement des sujets, c'est le parcourir. Être sujet, c'est toujours faire face au pluriel. Dont son propre pluriel. La psychanalyse n'est nullement une injonction à la vérité. Pour autant, le dispositif de l'analyse « dit » par essence : ce qui s'y dit est vrai, au sens où, même si l'individu ment, cela fait symptôme. Le mentir dit vrai. Il dit tout le travail, tout le récit du sujet, ses efforts, pour échapper à ce qu'il croit être un danger. Que le mensonge soit névrose, qu'il frôle la psychose en frôlant le déni, il dit toujours la vérité du rapport désastreux de l'homme avec son authenticité.

DÉSUBJECTIVATION ET DÉVERBALISATION

Toute tentative de désindividuation prend appui sur la déverbalisation. Celle-ci ne renvoie pas seulement aux mots taillés en pièces. La déverbalisation n'est pas seulement l'impossibilité de traduire précisément ce que l'on pense. Elle porte atteinte à la faculté même de conception intellectuelle. On ne parvient plus à penser ce que d'autres sont capables d'énoncer. On perd alors la conscience de ce qui devrait faire réalité pour soi. En ce sens, le langage est une naissance du monde, comme une naissance au monde. Honneth évoque alors la problématique du « contrôle social du sentiment d'injustice ». En effet, percevoir non confusément l'injustice sociale n'est pas à la portée de tous. La prise de conscience de l'injustice sociale nécessite elle aussi le langage pour la penser. Sans les mots pour le dire, la conscience est comme paralysée, stoppée dans son éveil. « Les modes de représentation des sentiments d'injustice sociale ne sont pas, comme on le suppose trop souvent, à la libre disposition des sujets concernés, mais [...] sont influencés et déterminés par de multiples mécanismes de domination de classe. Ces processus de contrôle de la conscience morale ont pour tâche de réprimer assez tôt l'expression des sentiments d'injustice, pour que le consensus de la domination sociale ne se trouve pas remis en cause. Aussi faut-il voir dans ces techniques de contrôle des stratégies qui assurent l'hégémonie culturelle de la classe dominante en limitant implicitement les possibilités de formuler les expériences d'injustice[1]. »

Voler au sujet sa capacité d'énonciation n'est donc pas suffisant. Ce qu'il faut voler, c'est la condition de possibilité de cette énonciation, sa dynamique de conscientisation. Premier grand processus de la domination : « priver de langage les dominés ». L'opération d'usurpation ne réussissant pas toujours, la prise de conscience émerge. Pour s'assurer la durabilité de la domination, il faut alors provoquer chez le sujet un sentiment

1. Axel Honneth, *La Société du mépris*, La Découverte, rééd. 2014, p. 213.

de désolation, qui prend l'apparence d'une individuation inversée, dans la mesure où le sujet se sent abandonné, seul de son espèce, sans capacité de faire lien avec d'autres sujets partageant la même expérience. Le sujet ne parvient pas à élaborer cette idée d'une expérience commune d'injustice. Les analyses de Bourdieu et de Gramsci ont d'ailleurs su montrer que l'hégémonie culturelle ne se résume pas à une langue luttant contre une autre, mais traduit le mode de véridiction qu'elle représente : la langue des dominés n'a pas le même accès à la performativité que celle des dominants. Si la première demeure langage, la seconde fait réalité. Elle fait autorité et institution. Plus la parole proférée est celle d'un individu appartenant au groupe – social, culturel, économique – dominant, plus elle fait ordre pour tous, réalité et vérité. La déverbalisation vole le vécu plus encore que le langage. « Par là, les segments de l'expérience individuelle qui découlent de blessures et de frustrations communes à l'ensemble d'une classe sont dans une grande mesure exclus du discours public et restent difficilement assumables pour les individus[1]. » On voit ici l'autre rôle de l'espace public : celui-ci valide l'idée d'un vécu personnel spécifique. Il entérine l'expérience du monde de l'individu. Il peut dès lors le faire accéder à la possibilité de définir l'histoire. Mais, avant toute chose, il offre à l'individu une preuve tangible de son existence. Ceux qui n'accèdent pas au discours public perdent, en ce sens, l'accès à

1. *Ibid.*, p. 214.

leur propre existence. Le public n'est pas simplement le lieu où l'opposition peut être formulée, et légitimée ; il est ce qui fait que l'authenticité du privé n'est pas insignifiante.

La déverbalisation n'est pas pour autant une entreprise aisée car pour qu'elle soit efficace, il faut avoir en partage un idéal de langage commun. Plus les dominés et les dominants se scindent, moins l'histoire de la domination est durable, car elle suppose au moins une circulation langagière commune. Les dominés cessent de l'être lorsque le langage des dominants ne signifie plus rien pour eux. À ce propos, Gramsci rappelle, en critiquant Boukharine, que les classes dominées ne sont pas nécessairement sous le joug de l'hégémonie culturelle, du moins pas de la façon dont on le présuppose. Certes, la confiscation du langage provoque une forme d'appauvrissement mental, une limitation à proprement parler, mais qui n'est pas définitive. Ces classes sont d'ailleurs capables de produire leur propre théorisation : « Un travail comme le *Manuel populaire*, destiné essentiellement à une communauté de lecteurs qui ne sont pas des intellectuels de profession, aurait dû partir de l'analyse critique de la philosophie du sens commun, qui est la “philosophie des non-philosophes”, c'est-à-dire la conception du monde absorbée de façon non critique par les divers milieux sociaux et culturels dans lesquels se développe l'individualité morale de l'homme moyen. Le sens commun n'est pas une conception unique, identique dans le temps et dans l'espace : il est le “folklore” de la philosophie, et, comme le folklore, il se présente sous des formes innombrables ; son trait fondamental et le plus caractéristique est d'être (même dans les cerveaux particuliers) une conception désagrégée, incohérente, inconséquente, conforme à la position sociale et culturelle des masses dont il est la philosophie. Quand dans l'histoire s'élabore un groupe social homogène, s'élabore aussi, contre le sens commun, une philosophie homogène, c'est-à-dire cohérente et systématique. Le *Manuel populaire* se trompe lorsqu'il part (implicitement) du présupposé qu'à cette formation d'une philosophie originale des masses populaires s'opposent les grands systèmes des philosophies traditionnelles et la religion du haut clergé, c'est-à-dire les conceptions du monde des intellectuels et de la haute culture. En réalité ces systèmes sont ignorés de la multitude et n'ont pas d'efficace directe sur son mode de penser et d'agir. Certes cela ne signifie pas qu'ils ne sauraient être sans aucune efficace historique: mais cette efficace est d'un autre genre. Ces systèmes influent sur les masses populaires comme force politique externe, comme élément de la force de cohésion des classes dirigeantes, comme élément par conséquent de la subordination à une hégémonie extérieure, qui limite la pensée originale des masses populaires de façon négative, sans influer sur elle positivement, comme ferment vital de transformation intime de ce que les masses pensent de façon embryonnaire et chaotique à l'égard du monde et de la vie[1]. »

1. Antonio Gramsci, *Textes* (1917-1934). Édition réalisée par André Tosel, Éditions sociales, 1983.

Qui sait, par ailleurs, si la déverbalisation n'est pas qu'affichée pour mieux confirmer vis-à-vis des dominants le statut de dominés ?

SUBORDINATION ET DISSIMULATION

La dissimulation est un art auquel les dominés ont recours au même titre que les dominants[1]. Certes, nul ne sait à quel point elle se confond avec la capacité d'adaptation dont chacun peut faire preuve. D'autre part, la domination est toujours une situation en trompe-l'œil : pour récupérer un peu d'individuation propre des dominés, il faudrait pouvoir les observer hors d'une situation de domination, ce qui est par essence impossible pour les dominants. C'est donc tout un pan du Réel qui se voit ici confisqué, non par les dominants aux dépens des dominés, mais précisément l'inverse. « L'analyse des textes cachés des puissants et des subordonnés nous donne accès à une science sociale qui met en lumière des contradictions et des possibilités, qui projette son regard bien au-delà de la surface placide que les accommodements publics à la distribution existante du pouvoir, des richesses et des statuts laissent souvent paraître[2]. » La subordination est un monde

1. James C. Scott, *La Domination et les Arts de la résistance. Fragments du discours subalterne* (1990), Éditions Amsterdam, 2009.

2. *Ibid.*, p. 29.

de l'apparence, tout aussi sophistiqué que la domination mystifiante. Subordination et domination sont des mystifications réciproques. Peut-on assimiler la dissimulation à de la résistance en cours ? Peut-on la considérer comme n'importe quel processus d'individuation ? La question est insoluble dans la mesure où les processus d'individuation sont par définition tous singuliers, et les capacités symboliques qu'ils engendrent varient selon les situations vécues, plus ou moins traumatiques. Comment faire autrement, s'interroge Scott, lorsqu'un individu est dépossédé légalement de tous ses droits civiques ? Que reste-t-il en dehors de la dissimulation, comme territoire propre de contournement ? Certes, l'individu ne risque pas sa vie. Mais il refuse, du moins, de délivrer son consentement. Il participe à la théâtralisation de la domination, au risque de perdre le chemin vers sa désaliénation, mais nul ne peut le prédire. L'enjeu : laisser croire au dominant que l'on est ignorant du secret du pouvoir, à savoir son usurpation, sa violence, l'arbitraire de sa force. Par sa duplicité, il faut prolonger le mythe encore. « Dans des circonstances ordinaires, les dominés ont ainsi un intérêt particulier à éviter toute démonstration explicite d'insubordination. Ils ont aussi, bien sûr, un intérêt particulier à résister afin de réduire au maximum le travail à accomplir et les exactions et humiliations dont ils sont victimes. La synthèse de ces deux objectifs qui peuvent au départ sembler contradictoires est rendue possible précisément par la poursuite de formes de résistance qui évitent toutes confrontations ouvertes avec les structures de l'autorité à laquelle on s'oppose[1]. »

C'est là une première forme d'échec pour la domination dans la mesure où elle ne peut se vivre comme telle ; pour durer, elle est obligée de veiller, de surveiller, de ne surtout pas croire en son propre pouvoir. Elle, qui veut tellement faire oublier le mensonge de son institution, se voit prise au piège du mensonge perpétuel, celui proféré par ceux-là mêmes auxquels elle a cherché à imposer un ordre de vérité. « Tout comme la domination, la résistance mène ainsi une guerre sur deux fronts. Le texte caché n'est pas que rumination et grognements en coulisse ; il donne lieu à une série de stratagèmes discrets et pratiques visant à minimiser l'appropriation. Chez les esclaves, par exemple, ces stratagèmes ont traditionnellement inclus le chapardage, le maraudage, l'ignorance feinte, le travail bâclé, le tirage au flanc, le troc et la production souterraine, le sabotage des récoltes ou des machines voire celui des bêtes, les incendies volontaires, la fuite, etc. Chez les paysans, le braconnage, l'occupation illégale des terres, le glanage non autorisé, le versement de loyers en nature inférieurs au dû, le défrichement de champs clandestins et le manquement aux impôts seigneuriaux ont constitué des stratagèmes courants[2]. »

Ce n'est pas à proprement parler de la résistance, c'est du contournement qui dit moins frontalement la résistance. Ce sont là des lâchetés

1. *Ibid.*, p. 101.
2. *Ibid.*, p. 204.

volontaires, conscientes ou inconscientes, qui disent autant la compromission que la stratégie d'évitement. D'une certaine manière, c'est une réappropriation du temps. Le dominé gagne du temps en déconstruisant le temps de la domination. Pour le dominant, l'analyse de ce qu'il faut faire devient compliquée dans la mesure où à trop laisser les techniques d'évitement se consolider, c'est l'édifice entier de la domination qui risque de prendre l'eau ; et ne pas laisser ces stratégies de lâcheté exister, c'est manquer l'alliance possible avec elles, autrement dit bénéficier du consentement du dominé, même s'il est inconscient, surtout s'il est inconscient.

LE DEVENIR PSYCHOTIQUE DES DOMINÉS

Résister à sa propre énonciation reste le signe de la psychose ordinaire. La résistance n'est pas nécessairement silence. Le langage peut l'habiller. Avec ce type d'analysés – non encore analysant –, on peut croire que tout fonctionne bien tant le mal est performant. « On peut croire, dans un premier temps, que l'analyse marche bien et même qu'elle court, écrit Pontalis : rêves, souvenirs d'enfance, chaînes associatives subtilement entrecroisées. [...] C'est là, me semble-t-il, ce que Winnicott a en vue quand il parle du "faux *self*[1]",

1. Chez Winnicott, le *self* (soi) se divise en vrai *self* et faux *self*. Le faux *self* est ce qui dissimule le vrai *self*, le soumet à

souvent savamment entretenu par le code interprétatif de l'analyste ; il nous fait identifier, dans une telle compulsion à mentaliser, une forme souvent précoce de dissociation du sujet, voué à opérer en système clos, où ne s'agencent que des signes et des figures, pour prévenir l'"informe", précurseur de chaos, pour cerner le vide[1]. » Les troubles du spectre psychotique surabondent tant ils fournissent un sujet approprié à l'interchangeabilité réquisitionnée par les temps économiques présents. Un sujet à qui l'on demande tout et son contraire. Résister à la violence du réquisit nécessite de se cliver. Le clivage n'est pas un simple refoulement : « Le clivage violent est une destruction d'une partie de la personnalité[2]. » Il permet d'encaisser l'événement extérieur, autrement dit les effractions physiques et psychiques qui viennent de l'extérieur. Mais le moi n'est pas seulement divisé, il est endommagé[3]. Le sujet subit mais est anesthésié par le fait qu'il a fait disparaître préalablement sa singularité. Sa personnalité niée, le faux *self* peut dès lors s'épanouir,

---

l'environnement, surtout si ce dernier est jugé contraignant ou nocif pour le vrai *self*. Le *self* représente la partie la plus créatrice d'une personnalité.

1. J.-B. Pontalis, « Bornes ou confins ? », *Nouvelle Revue de psychanalyse*, n° 10, automne 1974, p. 15, cité *in* Charlotte de Parseval, « De Ferenczi à Winnicott : le "nourrisson savant" et le faux self », *Le Coq-Héron*, 2/2007, n° 189, pp. 122-141.

2. Melanie Klein, « Notes sur quelques mécanismes schizoïdes », *Développements de la psychanalyse*, 1946, PUF, 1966.

3. Robert D. Hinshelwood, « Refoulement et clivage : Esquisse d'une méthode comparative des concepts », *L'Année psychanalytique internationale*, 1/2009, pp. 83-105.

du moins en donner l'illusion, et devenir après le manipulé le manipulateur. Le déni est la première marche du dénigrement. « Je ne te demande rien… je prends […]. Je me sers d'une femme par nécessité, comme on se sert d'un vase dans un besoin différent, mais n'accordant jamais à cet être, que mon argent ou mon autorité soumet à mes désirs, ni estime ni tendresse, ne devant ce que je prends qu'à moi-même et n'exigeant jamais d'elle que de la soumission, je ne vois pas que je sois tenu d'après cela à lui accorder aucune gratitude[1] », déclare Dalville à Justine. Il n'y a plus de honte. L'instrumentation paraît la seule relation objective à mettre en place avec l'autre. Quant à l'assimilation du sentiment de gratitude à une forme d'affaiblissement du sujet, il prouve la prégnance de la perversion.

L'IRREMPLAÇABLE AUTORITÉ. LA SORTIE DE L'ÉTAT DE MINORITÉ

Penser par soi-même n'est nullement antinomique de la nécessité de s'inscrire dans la transmission. C'est d'ailleurs là qu'est le paradoxe. Car l'état de minorité existe bel et bien naturellement, un enfant étant par nature en état de minorité par rapport à un adulte. Mais si l'on y regarde de plus près, l'état d'enfance n'est pas un état de minorité comme un autre. Il est l'invariant de tous

1. Sade, *Les Infortunes de la vertu*, 1787.

les hommes. En revanche, il se joue déjà dans l'enfance les prémices du maintien à l'âge adulte de l'état de minorité. Car comment résoudre le paradoxe suivant que devient la nécessité d'en passer par l'art maïeutique d'un tiers pour devenir connaissant de soi-même, si l'on n'a pas accès à ce tiers créateur ? Foucault rappelle à ce sujet le texte de Galien, *Traité des passions de l'âme et de ses erreurs*. Il n'y a pas de souci de soi, de sortie de l'état de minorité, ou encore de mise en œuvre de notre propre irremplaçabilité, sans en passer par la prise en compte de celle de l'autre, et de ce qui sera chez lui irremplaçable pour soi. En somme, il faut trouver cet autre qui assurera une grande part de la fonction créatrice de nous-mêmes. « L'âme aussi, si elle veut se connaître elle-même, doit regarder une âme[1]. » Chez Platon, la fécondité de l'âme est assurée par les hommes, entre eux, de maître à disciple, d'amant à aimé. S'adressant à Alcibiade, Socrate lui résume ainsi la situation : « Voici où tu en es : il n'y a eu et il n'y a personne qui ait été ni qui soit l'*éraste* d'Alcibiade, fils de Clinias, sauf un seul homme, celui qui t'est cher, Socrate, fils de Sophronisque et de Phainarète[2]. » Cet autre qui sera le viatique d'Alcibiade vers le souci de soi, c'est Socrate, un autre en apparence très éloigné de lui, aussi laid qu'il est beau, aussi tempérant qu'il est impétueux, mais aussi homme qu'il est homme.

1. Platon, *Alcibiade*, Paris, Les Belles Lettres, 1998, 132b-133b.
2. *Ibid.*, 131d-e.

Galien parle d'un directeur de conscience, nous permettant de nous éloigner de notre propre complaisance envers nous-mêmes. « Tous les hommes qui se sont remis à d'autres de la déclaration de leur propre valeur, je les ai vus se tromper rarement, et tous ceux qui se sont estimés excellents, sans en avoir confié le jugement à d'autres, je les ai vus trébucher grandement et fréquemment[1]. » Mais on peut rendre plus archétypale encore la fonction extérieure dont l'homme a besoin pour grandir. Car avant le jugement sur soi, ce qui est attendu de la part de l'individu vis-à-vis de l'autre, c'est l'attention à proprement parler qu'il peut lui témoigner dans son travail de connaissance de soi. Tout simplement l'éducation et l'enseignement. Autrement dit, sortir de l'état de minorité suppose de s'en remettre à autrui, du moins dans un premier temps, car ceux qui ne le feraient pas seraient menacés de « trébucher grandement et fréquemment ». Certes, trébucher revient à faire davantage d'erreurs dans sa progression. Mais qu'est-ce que « trébucher grandement » ? L'assertion de Galien ne concerne nullement les enfants. Elle concerne les adultes, qui seraient tentés de se passer d'un autre pour consolider leur jugement sur eux-mêmes. Mais elle concerne en creux autre chose, à savoir ceux qui sont en mal de filiation symbolique, autrement dit ceux qui

1. Claude Galien, début du chapitre III du *Traité des passions de l'âme et de ses erreurs,* trad. R. Van der Elst, Delagrave, 1914, cité *in* Michel Foucault, *L'Herméneutique du sujet, op. cit.*, p. 381.

sont contraints de se passer d'un autre pour grandir. C'est là où la question du mythe de l'origine reprend la main. Rancière définit ainsi le mensonge de Platon : ce n'est pas la nature qui fait la sélection mais la sélection qui fait la nature. « La nature doit être objet de décret pour devenir objet d'éducation. Elle est le présupposé que se donne le sélectionneur-éleveur des âmes pour commencer son travail de formation des natures[1]. » Car, si l'autre est si nécessaire à la formation de l'individu, il est important d'interroger les motivations d'autrui à éduquer. Autrement dit, cet autre dont nous avons besoin, cet autre n'en est pas un. C'est un même. La nécessité de l'autre est vraie. C'est sans doute là que se résume toute la justice. Seulement, le mensonge s'insinue dès le départ en maquillant en autre celui qui ne l'est que trop rarement. Sortir de l'état de minorité, ce sera démystifier les ruses de la domination.

En deçà des velléités éducatives, subsiste un mythe qui oriente celles-ci : « Vous tous qui êtes dans la cité êtes frères, leur dirons-nous dans notre histoire, mais le dieu qui vous a façonnés a mêlé de l'or dans la composition de ceux qui sont aptes au commandement et qui sont aussi les plus précieux. À celle des défenseurs il a mêlé de l'argent ; tandis que le fer et l'airain sont pour les laboureurs et les autres artisans. » En somme, s'il existe une pluralité de mérites, il n'en demeure pas moins qu'ils ne sont pas équivalents en termes

1. Jacques Rancière, *Le Philosophe et ses pauvres*, *op. cit.*, p. 37.

de valeur. « Un vrai cordonnier n'est pas quelqu'un qui fait de bonnes chaussures. C'est quelqu'un qui *ne se donne pas pour autre chose* que cordonnier[1]. » Et ceux qui ont l'intention d'inventer leur place plus que d'accepter celle qui leur a été donnée prennent le risque social majeur de chuter et de ne recevoir en échange aucune compassion. La menace est explicite : à ceux qui veulent inventer leur place, il sera rappelé le secret douloureux de l'origine. Il n'y a pas de miséricorde pour ceux qui veulent s'extraire de l'ordre, ou qui le désavouent, ou qui tout simplement connaissent sa supercherie. S'il y a compassion, elle s'adresse à ceux qui ont accepté de subir leur place et partant qui la légitiment. Il faut participer au secret de l'usurpation pour pouvoir bénéficier de la compassion des hommes. « Tout est joué avant que nous ayons douze ans. Vingt ans, trente ans d'un travail acharné, toute une vie de labeur ne fera pas, ne défera pas ce qui a été fait, ce qui a été défait une fois pour toutes, avant nous, sans nous, pour nous, contre nous », écrit Charles Péguy, en 1913. Cette loi du déterminisme culturel et social, Péguy n'en fait pas celle de la nature. Nous ne naissons pas privés de la possibilité de sortir à terme de l'état de minorité. Mais très vite, le piège se referme, dans la mesure où le récit de l'origine se substitue à l'origine elle-même. Péguy, qui a bénéficié de l'attention tutélaire primordiale du directeur de son école primaire, Théophile Naudy, connaît la loi socioculturelle. Il faut avoir

1. *Ibid.*, p. 43.

été « reconnu » par l'autre avant d'espérer « se connaître soi-même », sans risquer de trébucher. Ceux qui s'autorisent sans en passer par le fait d'avoir été autorisés sont menacés de bannissement. « Le laborieux était assuré de ne manquer jamais de rien, de manger à sa faim, on consentait à la pauvreté car elle vous assurait le minimum vital », écrit Péguy en décrivant, non sans nostalgie, la fin du XIXe siècle. Certes, la viabilité du pacte assurait son maintien. Pour autant, un rien pouvait rompre ce pacte social qui déterminait les frontières de l'inclusion : « L'acceptation de la pauvreté décernait une sorte de brevet, instituait une sorte de contrat. [...] Il était entendu que celui qui voulait sortir de la pauvreté risquait de tomber dans la misère, c'était son affaire, il rompait le contrat conclu avec le sort, mais on n'avait jamais vu que celui qui voulait se borner dans la pauvreté fût condamné à retomber perpétuellement dans la misère[1]. » Accepter sciemment son infériorité, c'est faire ordre avec cet autre, et être récompensé par une place, si petite soit-elle. Ne plus parler d'arbitraire ou de culture, mais subsumer sa condition sous la tutelle du sort. Le pacte est pervers : il vous sera reconnu une « singularité » si vous désavouez votre égalité, une singularité de simulacre, une singularité subalterne, mais l'apparence d'une singularité. « Nul ne pourra [...] être obligé de témoigner contre lui-même », dit le cinquième amendement. La

1. Charles Péguy, *L'Argent* (1913), Éditions des équateurs, rééd. 2008.

domination, c'est la tentative de faire oublier ce droit inaliénable.

Nul ne peut cependant ne pas reconnaître la responsabilité de chacun dans la sortie de l'état de minorité. « La paresse et la lâcheté sont les causes qui expliquent qu'un si grand nombre d'hommes, après que la nature les a affranchis depuis longtemps de toute direction étrangère, restent cependant volontiers, leur vie durant, mineurs, et qu'il soit si facile à d'autres de se poser en tuteurs des premiers. Il est si aisé d'être mineur[1] ! » Il n'en demeure pas moins que toutes les sorties de l'état de minorité ne se ressemblent pas et ne sont pas pareillement « autorisées » par la société. Pour ceux dont le récit de l'origine est déficitaire, la sortie sera plus difficile encore, voire ne sera jamais reconnue dans sa légitimité. Se situe là, sans doute, une sortie de l'état de minorité davantage archétypale, parce que faisant l'épreuve de la nécessité de cet autre-qui-n'en-est-pas-un et démasquant le mensonge de l'origine et la façon dont la culture et la politique organisent sa consolidation. C'est sans doute pour cette raison que Foucault, dans la suite de sa réflexion sur les Lumières, fait appel au texte kantien de 1798 sur la révolution. Qu'est-ce que la révolution sinon l'exigence de la sortie de l'état de minorité ? « Peu importe si la révolution d'un peuple [...] réussit ou échoue, peu importe si elle accumule misère et atrocités », reconnaît Kant. Ce qui importe, c'est

1. Emmanuel Kant, *Qu'est-ce que les Lumières ?*, 1784, proposition 2.

que la révolution signe la potentialité de l'homme à sortir de l'état de minorité, qu'elle scelle à jamais sa capacité de faire cesser le mensonge de l'origine. En somme, elle vient incarner par sa seule possibilité – et non par son succès – la filiation originelle de l'homme avec la liberté et le progrès de la conscience. Dorénavant l'homme ne pourra plus « oublier » le souci de soi, et qu'il est l'enfant de cette capacité-là. « En effet, un tel phénomène dans l'histoire de l'humanité *ne s'oublie plus*, parce qu'il a révélé dans la nature humaine une disposition, une faculté de progresser telle qu'aucune politique n'aurait pu, à force de subtilité, la dégager du cours antérieur des événements[1]. » L'histoire sert aussi à cela : à rappeler que l'individuation a eu lieu, que si elle est une création journalière, elle n'en demeure pas moins principielle, et de toute éternité présente, comme la potentialité même de l'homme, que celle-ci advienne ou pas. Cette histoire de la révolution, si collective, si abstraite d'une certaine manière, conte aussi autre chose : la possibilité de l'émergence de la singularité, quelque chose d'absolument concret et présent. Par définition, l'Histoire semble éloignée des hommes du temps présent : ils ne l'ont pas vécue. Ce qui diffère ici, c'est précisément le fait que l'Histoire n'est plus éloignée, elle raconte l'immanence de la liberté, de cette

1. Emmanuel Kant, *Qu'est-ce que la révolution ?* Voir à ce sujet le commentaire de Foucault, *Le Gouvernement de soi et des autres*, *op. cit.*, p. 20, et Hannah Arendt, *De la révolution* (1963), Gallimard, « Folio », rééd. 2012, p. 79 et p. 351.

histoire de la liberté qui n'a aucun passé ni futur, ou plutôt qui s'éveille à l'instant même où elle est évoquée et ressentie.

LE POUVOIR, UNE RELIGION CONTINUÉE

Foucault a différencié les catégories de pouvoir, principalement en deux sortes : le pouvoir de souveraineté où le pouvoir s'incarne, et le pouvoir de discipline ou de normalisation, où le pouvoir est rendu anonyme, sachant que ces deux types de pouvoirs peuvent s'entrelacer pour se renforcer. Ce qui rend la définition du pouvoir plus poreuse et complexe. Inutile de chercher à savoir lequel des deux est le plus souhaitable ; ce sont là deux aberrations qui se consolident mutuellement par la menace qu'elles représentent. « C'est un malheur extrême que d'être assujetti à un maître dont on ne peut jamais être assuré de la bonté, et qui a toujours le pouvoir d'être méchant quand il le voudra. Quant à obéir à plusieurs maîtres, c'est être autant de fois extrêmement malheureux[1]. » Le pouvoir est en fait *circulatoire*, un fait circulatoire même, au sens de *qui circule*. « Ne pas prendre le pouvoir comme un phénomène de domination massif et homogène – domination d'un individu sur les autres, d'un groupe sur les autres, d'une classe sur les autres – ; bien

1. Étienne de La Boétie, *Discours de la servitude volontaire*, 1549.

avoir à l'esprit que le pouvoir sauf à le considérer de très haut et de très loin, n'est pas quelque chose qui se partage entre ceux qui l'ont et qui le détiennent exclusivement, et puis ceux qui ne l'ont pas et qui le subissent. Le pouvoir [...] doit être analysé comme quelque chose qui circule, ou plutôt comme quelque chose qui ne fonctionne qu'en chaîne. Il n'est jamais localisé ici ou là, il n'est jamais entre les mains de certains, il n'est jamais approprié comme une richesse ou un bien. Le pouvoir fonctionne. Le pouvoir s'exerce en réseau et, sur ce réseau, non seulement les individus circulent, mais ils sont toujours en position de subir et aussi d'exercer ce pouvoir. Ils ne sont jamais la cible inerte ou consentante du pouvoir, ils en sont toujours les relais[1]. » Autrement dit, le pouvoir, même de souveraineté, n'appartient jamais à un seul individu même divinisé. Le pouvoir de l'un tient toujours par le consentement des autres et par le fait que ce qui n'est pas partagé l'est en fait. Le pouvoir fait machine : il fait ordre, performance, illusion de fonctionnement. La vérité du pouvoir demeure bureaucratique pour être durable. Foucault pose alors l'individu non comme vis-à-vis du pouvoir mais comme l'un de ses effets premiers. Qu'il en soit le relais potentiel ou la réaction de rejet, il demeure constitué par lui. Les individus seraient-ils capables d'individuation si le pouvoir ne les menaçait pas ?

1. Michel Foucault, *Il faut défendre la société*, cours au Collège de France, 1976, Hautes Études/Gallimard/Seuil, rééd. 1997, p. 26.

Auraient-ils simplement ce souci de l'individuation si rien ne menaçait leur survie ? La liberté n'est-elle qu'un effet du pouvoir ? Sans doute, le pouvoir aimerait à nous faire croire cela : le sujet comme un reliquat du pouvoir, quelle victoire totale ce serait pour lui sur l'idée de subjectivité. D'une autre façon, le pouvoir continuerait d'exercer sa tutelle imaginative. Mais précisément pas. Ce qui fait un sujet n'est pas une simple réaction. L'individuation ne se résume pas à cela. L'irremplaçabilité du sujet se situe ailleurs, précisément dans le fait de ne pas s'inscrire dans la reconnaissance du pouvoir. Tenter l'expérience subjective pour ce qu'elle est, simplement ce qu'elle est, c'est s'extraire de la circulation aliénante du pouvoir, découvrir l'esprit d'aventure. « Platon écrit dans le *Théagès* : "Chacun de nous voudrait être si possible le maître de tous les hommes, ou mieux encore Dieu." Ambition médiocre si l'on se réfère à la faiblesse des maîtres et des dieux. Car enfin, si la petitesse des esclaves vient de ce qu'ils s'inféodent à des gouvernants, la petitesse des chefs et de Dieu lui-même tient à la nature déficitaire des gouvernés. Le maître connaît l'aliénation sous son pôle positif, l'esclave sous son pôle négatif ; à l'un comme à l'autre la maîtrise totale est également refusée[1]. » L'expérience subjective est, à l'inverse, ce qui décrypte la vanité du pouvoir, l'illusoire de la domination. Devenir maître, au sens hégélien, c'est risquer la mort, prendre ce risque

1. Raoul Vaneigem, *Traité de savoir-vivre à l'usage des jeunes générations*, Gallimard, 1967.

que l'esclave se refuse à prendre. Mais demeurer maître, c'est devenir esclave, c'est rentrer dans la circulation du pouvoir, celle qui a besoin du subordonné pour se maintenir. Demeurer maître, c'est finir par croire à son statut de maître. Or, l'individuation est une puissance non corrompue par le pouvoir. *S'individuer* suppose de ne pas croire, et notamment de ne croire en aucun statut.

Le pouvoir est-il la continuation de la religion par d'autres moyens ? Si la religion représente pour les sociétés humaines « le déni institué d'elles-mêmes[1] », le pouvoir n'est-il que la poursuite de ce déni ? Pourquoi associer pouvoir et religion ? Déjà parce que le pouvoir en tant que circulation, chaîne, organisation d'intermédiaires le relayant, structure éparse (tout en étant profondément formalisée) de domination, renvoie au fonctionnement typique d'un clergé, où chaque relais est constitué par celui qui le précède et celui qui lui succède. Le tout fonctionnant d'autant mieux qu'il est structurellement placé sous l'œil divin. Le regard est l'élément symbolique premier de la toute-puissance. La prison panoptique de Bentham n'en sera que la continuation, profane, et consacrée à l'ordonnancement de la délinquance et de la criminalité. La nature panoptique du mode d'existence du clergé nous rappelle que derrière la revendication du salut des hommes, c'est l'organisation de leur surveillance qui prévaut. À

1. Marcel Gauchet, *La Condition politique*, Gallimard, « Tel », 2005, p. 332.

l'inverse, on peut rappeler que le panoptique de Bentham, même assimilé à la prison, respecte les règles de l'utilitarisme anglais. Pour Foucault, le panoptique organise la punition et la surveillance continue. Pour Bentham, il respecte néanmoins quelques règles de fonctionnement même s'il a pour principe primordial de « punir les criminels endurcis, garder les fous, réformer les vicieux, confiner les suspects, employer les oisifs, entretenir les indigents, guérir les malades, former ceux qui veulent apprendre un état, ou dispenser l'instruction aux générations montantes[1] ». Il n'en demeure pas moins que cette opération d'« orthopédie morale[2] » a pour but de produire, comme chez Orwell, le bonheur, celui-là même qui ne provoque pas le désordre en remettant en cause les principes de la normalisation ici proposée : « Cet appareil hautement élaboré ne va-t-il pas produire des machines ayant apparence d'hommes ? [...] Appelez-les soldats, appelez-les moines, appelez-les machines : s'ils sont heureux, peu importe[3] ! » En ce sens, le panoptique benthamien est plus qu'un modèle carcéral, il est le modèle de la normalisation moderne susceptible de rationaliser les vies et les comportements des individus. Le panoptique est un modèle de surveillance, potentiellement adaptable à toute

1. Jeremy Bentham, *Le Panoptique*, 1791, Belfond, 1977, p. 98.

2. Michel Foucault, *Surveiller et punir* (1975), Gallimard, rééd. « Tel ».

3. Jeremy Bentham, *Le Panoptique*, *op. cit.*, p. 98.

institution, sanitaire, scolaire, militaire, administrative. La société du spectacle n'en est qu'un avatar, plus spécifiquement dédié à la fabrication du bonheur de ses sujets. Ce bonheur a un premier qualificatif. Il est discipliné. La jouissance, indisciplinable par nature, n'y a pas sa place. Ou alors, une jouissance réitérée, normalisée. L'individu, en tant qu'irremplaçable, contient également par définition une part indisciplinable qui n'est pas nécessairement assimilable à du désordre. Cet indisciplinable en soi est traqué par l'organisation panoptique de la société. Et la traque est extensive. Elle n'est nullement concentrée dans les lieux carcéraux ou asilaires. Le fonctionnement panoptique permet l'extension de la surveillance, au-delà des murs. La prison est partout. L'asile est partout. Chaque individu est toujours sur le point d'être désigné comme fou ou comme prisonnier parce que sa part d'indisciplinarité le rend à jamais soupçonnable. Et le pouvoir a raison de traquer cet imperceptible car c'est là que gît le renversement. Foucault commente ainsi Kant : « Ce n'est pas dans les grands événements que nous devons chercher ce signe qui sera remémoratif, démonstratif et pronostique du progrès. C'est dans des événements qui sont quasi imperceptibles. C'est-à-dire qu'on ne peut pas faire cette analyse de notre propre présent dans ses valeurs significatives sans se livrer à une herméneutique ou à un déchiffrement qui permettra de donner à ce qui, apparemment, est sans signification et sans valeur, la signification et la valeur importantes que nous cherchons. Or qu'est-ce que c'est que cet événement qui n'est donc pas un grand événement ? Eh bien, c'est la Révolution[1]. » L'individu n'a pas spontanément conscience de la valeur de cet indisciplinable. Construire le processus d'individuation, c'est prendre conscience de la signification de l'indisciplinable, comprendre de quoi il est gros, à savoir la capacité de mettre à nu le mensonge de la fondation du pouvoir. Cet indisciplinable n'est nullement antinomique de la reconnaissance de la transmission. Il ne s'oppose nullement non plus à la discipline dont chacun a besoin pour grandir et faire vivre de façon constructive cet indisciplinable. En revanche, ce dernier est la trace vivace de l'irréductible soi, une sève propre, qui n'a peut-être de réalité que symbolique. Et il n'y a pas là de point faible car la réalité symbolique n'est pas une sous-branche du Réel. C'est au contraire le Réel de l'homme.

Le clergé, quant à lui, consolide par l'ordre social qu'il organise la véridicité du dogme. Le clergé est un panoptique au sens où l'« on est perpétuellement sous le regard de quelqu'un ou, en tout cas, dans la situation d'être regardé[2] ». Clergé et prison panoptique divergent en revanche sur la question du consentement. Si le second est privation de liberté, le premier l'est tout autant, mais avec le consentement de l'individu. Certes,

1. Michel Foucault, *Le Gouvernement de soi et des autres*, *op. cit.*, p. 18.

2. Michel Foucault, *Le Pouvoir psychiatrique*, cours au Collège de France, 1973-1974, Hautes Études/Gallimard/Seuil, rééd. 2003, p. 49.

l'idéologie religieuse est une prison qui ne s'ignore pas longtemps pour les individus, dans la mesure où elle leur dicte ce qu'il faut faire, penser, aimer. Il n'en demeure pas moins qu'elle assoit son pouvoir sur la croyance de ses fidèles. La prison panoptique est plus transparente quant à ses motivations dans la mesure où elle ne s'oblige pas nécessairement à maintenir l'illusion d'une croyance dans la fonction rédemptrice du système. Foucault est moins utilitariste que Bentham à ce niveau-là, car ce dernier vise encore au travers de ses modèles architecturaux le bonheur du plus grand nombre : « les mœurs amendées, la santé préservée, l'industrie revivifiée, l'instruction répandue, les charges publiques allégées, l'économie assise en quelque sorte sur un roc, le nœud gordien des lois d'assistance publique non pas tranché mais dénoué [...]. Tout cela par une simple idée d'architecture[1] ». Ni plus ni moins un projet de société totalitaire, entièrement dévoué à la surveillance des hommes, comme à leur bonheur surveillé. Foucault a décelé, quant à lui, la nature mécaniste du panoptique, vouée au seul renforcement disciplinaire. Foucault précise : « Bentham ne dit même pas que c'est un schéma pour des institutions, il dit que c'est un mécanisme, un schéma qui donne force à toute institution, une sorte de mécanisme par lequel le pouvoir qui joue ou qui doit jouer dans une institution va pouvoir acquérir le maximum de force. Le Panopticon est un multiplicateur ; c'est

1. Jeremy Bentham, *Le Panoptique*, *op. cit.*, p. 186.

un intensificateur de pouvoir[1]. » Autrement dit, il faut créer un mécanisme qui renforce le pouvoir d'autant plus que sa fondation légitime est défaillante. Il faut créer un mécanisme qui multiplie les individus relais de ce pouvoir alors même que ce pouvoir est vide, au sens où il repose sur l'illusion de son propre dogme. Ce renforcement se produit par la continuité du pouvoir. Dans toute structure panoptique, le pouvoir n'est compartimenté qu'en surface. Le panoptique est un dispositif de visibilité au service de l'invisibilité (de l'inexistence) de la fondation du pouvoir. « [...] le pouvoir [...] pourra être [...] un pouvoir entièrement anonyme. Le directeur n'a pas de corps, car le vrai effet du Panopticon c'est d'être tel que, même lorsqu'il n'y a personne, l'individu dans sa cellule non seulement se croie, mais se sache observé, qu'il ait l'expérience constante d'être dans un état de visibilité pour un regard – qui est là ou qui n'est pas là, peu importe[2] ». L'idéologie de l'évaluation est aussi une forme de continuation du panoptique, plus intériorisée encore, typique des sociétés néoconservatrices. Celle qui s'affiche sous la bannière de l'égalitarisme et de la méritocratie est en fait l'opposé du paradigme de l'émancipation. Elle produit ni plus ni moins une forme foucaldienne d'assujettissement, dans la mesure où elle vaut pour processus de subjectivation du sujet. Un sujet n'est fondé que lorsqu'il est évalué. L'évaluation produit de la servitude volontaire,

1. Michel Foucault, *Le Pouvoir psychiatrique*, *op. cit.*, p. 75.
2. *Ibid.*, p. 78.

car elle s'assimile à un processus de formation du sujet. C'est l'évaluation qui après avoir tué ce qu'il y a d'agent dans le sujet le reconnaît en tant que tel, mais désormais devenu non plus un sujet libre mais un sujet domestiqué, sous domination. L'évaluation est une culture mortifère dans la mesure où elle transforme la nature même du travailleur et de son travail. Elle modifie la définition du métier de manière à le rendre mesurable. Elle calibre, détruit la singularité, ou précisément l'irremplaçabilité. Le travailleur n'est plus un nom mais un chiffre, une catégorie dans un tableau, que l'on surveille et sanctionne. Aucune forme de capitalisation n'est alors possible pour le travailleur, dans la mesure où, pour capitaliser, il faut revendiquer une propriété intellectuelle, un droit d'auteur, un « nom » en somme. Mais faire disparaître les individus sous les chiffres permet simplement d'usurper leur dû. Chiffre qui vient banaliser la survie comme mode de vie. Il s'agit de chosifier l'individu, de l'*itemiser*. « L'objectivation passe par la commensurabilité. On ne note *objectivement* que des items. Il faut donc décomposer les métiers, les savoirs, les processus, les relations et le sens pour en faire des procédures sectionnées en tâches [...]. En dernière analyse, l'objectivité requiert des éléments de langage préformatés [...] qui constituent une langue de bois universelle, exprimée en *globish*, car c'est d'abord la langue qui fait grillage[1]. » La langue fait gril-

1. Barbara Cassin (dir.), *Derrière les grilles. Sortons du tout-évaluation*, Mille et une nuits, 2014, p. 14.

lage et elle organise incognito la disparation de la seule chose qui fasse valeur, l'inconnu, soit la base de la connaissance. « Par définition, la nouveauté, l'invention ne rentrent encore dans aucune case, tout comme échappe ce qui se situe au bas de la courbe de Gauss : on ne remarque pas l'absence d'un inconnu, disait Lindon de Beckett[1]. » Le meurtre est magistral car le corps de la victime a disparu. Les individus évalués ont cette capacité de faire disparaître l'idée même, la valeur même de l'irremplaçabilité. Cela n'a plus de valeur, cela n'en a jamais eu. On ne remarque pas l'absence d'un inconnu, on ne remarquera pas l'absence de l'irremplaçable. *Tout est pour le mieux dans le meilleur des mondes possibles*.

LE NOM-DES-PAIRS

Culture mortifère aussi, dans la mesure où chacun voit bien ce qui se trame et se passe. Nous ne sommes plus dans les années 90 où l'idéologie et la sociologie nouvelles de l'organisation et de l'évaluation sont arrivées et ont enthousiasmé. Nous avons vingt ans d'expérience de déflagration des conditions de vie du monde du travail. La fascination pour ces nouvelles méthodes ou simplement le statu quo devant elles a cessé. Pour autant, la déconstruction d'un tel système continue d'être difficile, car l'évaluation est une forfaiture de la vérité, un réquisit du parler vrai qui

1. *Ibid.*, p. 18.

parle faux, un savoir qui n'est nullement savoir ou métasavoir mais la simple légitimation d'un pouvoir en place. Et quand l'évaluation n'arrive pas à évaluer, elle met en accusation. Le procédé est bien connu avec la surenchère sécuritaire, liberticide : qui peut avoir peur des contrôles de police démultipliés, des surveillances électroniques ou sur le web, des contrôles au scanner… si ce n'est le fautif, le coupable, celui qui se reproche quelque chose ? L'évaluation permet donc de criminaliser, de mettre dans le soupçon tout travailleur, tout individu et d'en faire un ennemi civique mettant en danger la valorisation même du groupe. Comme le pouvoir, l'évaluation est un phénomène *circulatoire*, faux nez d'un commerce autoréférentiel. Tout évalué sera évaluateur, et vice versa. Car l'enjeu est de faire disparaître la figure incarnant l'évaluation. Surtout ne pas en faire un pouvoir de souveraineté. Autre point de ressemblance avec Bentham : ce que sous-entendait *The Book of Fallacies*, c'est-à-dire cet art de créer des stratégies d'argumentation fallacieuses. Bentham en décèle quatre : stratégie d'autorité, stratégie alarmiste, stratégie de temporisation, stratégie du trouble ou de la confusion. Pourrait s'y rajouter la stratégie de culpabilisation, ou comment faire de l'innocent un accusé en sursis. Contester l'évaluation ne permet nullement d'accéder à un débat sur l'évaluation. Contester l'évaluation, c'est risquer sa propre marginalisation et stigmatisation. La charge de la preuve est inversée. Ce n'est pas à l'évaluateur de produire les bienfaits de l'évaluation. C'est à l'évalué de produire les bienfaits de la non-évaluation. La présomption d'innocence et celle de bonne foi sont mises à mal. L'individu est à jamais suspect. Le plaignant, à savoir l'évaluateur qui se plaint de ne pas pouvoir évaluer, n'a pas à produire les preuves de la vertu de son évaluation. Le mythe de la neutralité de l'évaluation suit les rails du mythe de la neutralité de la technique.

Chacun est tenu par le pouvoir anonyme de l'évaluation, pour plus d'illusion d'égalité. L'assujettissement est ici orwellien. L'évaluation, simulacre de science, devient une valeur morale. Le sujet dépossédé de sa liberté de conscience suffit comme seul bourreau. L'avènement d'une conscience panoptique parachève le Panopticon. Créer l'évaluation, c'est mettre la conscience sous surveillance, sous sa propre surveillance. Le fonctionnement psychotique prend la main dans la mesure où il ne s'agit même plus d'obéir à une entité supérieure; il s'agit confusément d'obéir à soi, ce soi ayant disparu derrière un ego au narcissisme détruit, persuadé de sa non-valeur tant qu'il n'a pas été évalué. Dans le panoptique, le pouvoir n'a pas besoin d'instrument, rappelle Foucault. « Son seul support, c'est le regard et c'est la lumière[1]. » L'évaluation fonctionne similairement : elle est regard, celui des pairs relais; elle est lumière, soit le dispositif de visibilité de l'évalué. Aliénation psychique et aliénation sociale ne sont plus dissociables. Le Nom-des-pairs se substitue au Nom-du-père. L'on se dit que

1. Michel Foucault, *Le Pouvoir psychiatrique*, *op. cit.*, p. 79.

l'individu va demeurer comme Alice, apte à déconstruire le simulacre : « Ma foi, ces gens-là, après tout, ne sont qu'un jeu de cartes. Je n'ai nulle raison d'avoir peur d'eux[1] ! » Mais pour cela, Alice devra se réveiller, s'extraire de ce monde fantasmatique. Par définition, le Nom-des-Pairs forme un cercle dont on ne s'extrait qu'au risque d'être désavoué par lui. Telle la cour des *Caractères*, on ne s'y dérobe pas. S'y dérober, c'est y renoncer : « Le courtisan qui l'a vue le matin la voit le soir pour la reconnaître le lendemain, ou afin que lui-même y soit connu[2]. » Tel est le processus de l'aliénation sociale : elle ne permet aucune forme de subjectivation possible hors d'elle. Ce n'est pas tant qu'elle nie le sujet, ou du moins le procédé n'est pas linéaire. Elle refuse au sujet la possibilité de poursuivre une individuation ailleurs et autrement. Ce qu'elle nie au sujet – et partant, faisant cela, elle nie ce qu'est un sujet même –, c'est sa capacité structurelle de s'édifier ailleurs, non pas seul mais de façon autonome. L'individu est par essence un passe-muraille. Il traverse les mondes, les sphères de valeurs, et par ces itinéraires croisés accède à l'individuation. Sur le chemin, il fera lien avec quantité de mondes aliénés produisant une part de subjectivation. Mais l'individu construit son individuation par la manifestation de son irréductibilité, précisément cette part d'inaliénable, cet art du

1. Lewis Carroll, *Alice au pays des merveilles*, *op. cit.*, p. 159.
2. La Bruyère, *Les Caractères* (1688), Le Livre de Poche, 1985, p. 183.

retrait. Sous la surveillance du Nom-des-Pairs, il demeure à jamais sous tutelle. « L'on est petit, à la cour, et quelque vanité que l'on ait, on s'y trouve tel ; mais le mal est commun, et les grands mêmes y sont petits[1]. » Le Nom-des-Pairs ne tient son pouvoir que de la clôture qu'il fait subir à son univers. « La cour ne rend pas content ; elle empêche qu'on ne le soit ailleurs. » Évaluer le sujet en permanence suppose de dévaluer simultanément tout autre système d'évaluation. Qu'il use du simulacre méritocratique de l'évaluation, le pouvoir demeure ni plus ni moins une machine de digestion. Un gros intestin qui ne cesse jamais son transit. « L'on se couche à la cour et l'on se lève sur l'intérêt : c'est ce que l'on digère le matin et le soir, le jour et la nuit ; c'est ce qui fait que l'on pense, que l'on parle, que l'on se tait, que l'on agit ; c'est dans cet esprit qu'on aborde les uns et qu'on néglige les autres, que l'on monte et que l'on descend ; c'est sur cette règle que l'on mesure ses soins, ses complaisances, son estime, son indifférence, son mépris [...] : quel moyen de demeurer immobile où tout marche, où tout se remue, et de ne pas courir où les autres courent ? On croit même être responsable à soi-même de son élévation et de sa fortune[2]. » Le pouvoir tient en effet par l'intérêt qu'il alimente. Il substitue à la notion d'individuation celle de l'intérêt, en donnant l'illusion qu'elle lui est similaire. Mais cet intérêt n'a de sens qu'à l'intérieur d'un système

1. *Ibid.*, p. 184.
2. *Ibid.*, « De la cour », § 22, p. 189.

qui reconnaît la valeur de la domination. Jouir de cet intérêt suppose la mise sous tutelle. L'« avoir » met en demeure la liberté du sujet. La Bruyère poursuit : « Un homme de la cour qui n'a pas un assez beau nom, doit l'ensevelir sous un meilleur. » Le terme « ensevelir » n'est pas neutre. Le prix à payer pour la nouvelle évaluation suppose de faire disparaître le sujet inaugural. Et de le « chiffrer », afin de provoquer chez lui un mode de subjectivation des plus automatiques et commensurables. Le Nom-des-Pairs, sous couvert de n'en être pas un, est un commerce des plus communs : l'annonce du nom provoque la désignation de la place, du rang, ce que l'individu est en droit d'espérer et surtout ce que l'autre peut en espérer. En toute rencontre, le voilà qui de façon pavlovienne énonce le sésame, son droit d'entrée et de demeurer : « ma race, ma branche, mon nom et mes armes[1] ». Le Nom-des-Pairs falsifie le protocole de l'individuation par le sens même qu'il donne à la place de l'autre. L'individuation a toujours supposé une place déterminante de l'autre. Elle n'en fait pas pour autant une instrumentation. Si le Nom-des-Pairs dévalue la singularité du sujet, il dévalue tout autant celle des autres, dans la mesure où ils ne deviennent que les moyens de mon individuation. Mais une individuation qui instaurerait ce simulacre de relation avec l'autre devient d'emblée une perversion. La passion individualiste relève précisément de ce cas. L'autre, en tant que finalité, n'a nul intérêt. « Il n'y a rien à

1. *Ibid.*, § 20, p. 188.

la cour de si méprisable et de si indigne qu'un homme qui ne peut contribuer en rien à notre fortune : je m'étonne qu'il ose se montrer[1]. » En peignant le dysfonctionnement, La Bruyère en extrait avec « grâce » le ridicule. La folie du ridicule lorsqu'il feint de faire ordre. Le Nom-des-Pairs propose un mode de subjectivation où tout sentiment est dépersonnalisé dans la mesure où il ne dit plus rien de son intimité propre. Le mépris même, ce sentiment si traditionnellement lié à la personne, est dépersonnalisé. Les individus se méprisent, ignorant leur singularité réciproque. « Ce qui me soutient et me rassure, écrit La Bruyère, contre les petits dédains que j'essuie quelquefois des grands et de mes égaux, c'est que je me dis à moi-même : *"ces gens n'en veulent peut-être qu'à ma fortune, et ils ont raison : elle est bien petite. Ils m'adoreraient sans doute si j'étais ministre*[2]*"*. » Le Nom-des-Pairs est un monde sans affinités électives. C'est un entre-soi du faux. Les avatars actuels en sont multiples, que la société soit de spectacle ou savante. « Dans cent ans le monde subsistera encore en son entier : ce sera le même théâtre et les mêmes décorations, ce ne seront plus les mêmes acteurs. [...] Il s'avance déjà sur le même théâtre d'autres hommes qui vont jouer dans une même pièce les mêmes rôles ; ils s'évanouiront à leur tour[3]. » Le Nom-des-Pairs est une inversion de la forme et du fond : le fond

1. *Ibid.*, § 23, p. 190.
2. *Ibid.*, § 58, pp. 200-201.
3. *Ibid.*, § 99, p. 214.

est d'autant moins dense que la forme est stricte, le code vaut pour le sens. Si savant soit-il, il possède toujours en son sein cette insignifiance de la lettre qui fait sa folie parce qu'elle vaut pour signification. Dès lors, il prend l'allure d'une société ridicule. « Pour faire partie du "petit noyau", du "petit groupe", du "petit clan" des Verdurin, une condition était suffisante mais elle était nécessaire : il fallait adhérer tacitement à un Credo dont un des articles était que le jeune pianiste, protégé par Mme Verdurin cette année-là et dont elle disait : "Ça ne devrait pas être permis de savoir jouer Wagner comme ça !", "enfonçait" à la fois Planté et Rubinstein et que le docteur Cottard avait plus de diagnostic que Potain. Toute "nouvelle recrue" à qui les Verdurin ne pouvaient pas persuader que les soirées des gens qui n'allaient pas chez eux étaient ennuyeuses comme la pluie, se voyait immédiatement exclue[1]. » Le Nom-des-Pairs, s'il n'est pas assimilable au fonctionnement sectaire, pratique la même captation du processus propre d'individuation qui, s'il ne peut capturer l'environnement intime de l'individu, cherche à l'en isoler davantage. « De même si un "fidèle" avait un ami, ou une "habituée" un flirt qui serait capable de le faire "lâcher" quelquefois, les Verdurin, qui ne s'effrayaient pas qu'une femme eût un amant pourvu qu'elle l'eût chez eux, l'aimât en eux, et ne le leur préférât pas, disaient : "Eh bien ! amenez-le votre ami." Et on l'engageait à l'essai,

1. Marcel Proust, *À la recherche du temps perdu, Du côté de chez Swann* (1913).

pour voir s'il était capable de ne pas avoir de secrets pour Mme Verdurin, s'il était susceptible d'être agrégé au "petit clan". S'il ne l'était pas, on prenait à part le fidèle qui l'avait présenté et on lui rendait le service de le brouiller avec son ami ou avec sa maîtresse. Dans le cas contraire, le "nouveau" devenait à son tour un fidèle[1]. »

Les cours, même si elles se ressemblent, sont dissemblables. Le type de sujet demandé par le Nom-des-Pairs varie selon les époques. Aujourd'hui, la cour s'est indifféremment agrandie aux champs professionnel, privé, ou culturel. Il n'est pas demandé à l'individu d'être le courtisan d'hier. Le performateur contemporain diffère dans son histrionisme. Les injonctions contradictoires sont plus fortes encore. Il faut être « quelqu'un » et « être flexible[2] ». Donner l'apparence du nom et de l'irremplaçable, mais bien veiller à être également remplaçable, pour éviter d'être taxé de rigidité pathologique. Il ne s'agit nullement de reconnaître à l'individu sa faculté de libre passe-muraille. Le Nom-des-Pairs est une structure plastique qui est la première à s'imposer des réifications permanentes pour rester cet univers qui préempte la nouveauté. Dès lors, elle est une fabrique de « soi » réinitialisés en fonction des nouvelles valeurs promues. Boltanski et Chiapello décrivent néanmoins la double contrainte, typique des systèmes pervers, de cet univers.

1. *Ibid.*

2. Luc Boltanski, Ève Chiapello, *Le Nouvel Esprit du capitalisme* (1999), Gallimard, « Tel », rééd. 2011, p. 622.

« L'idéal d'adaptabilité entre ici en tension avec cette autre exigence, transactionnelle, de l'activité en réseau. En effet, le faiseur de réseau, pour coller aux autres et cela, particulièrement, lorsqu'ils appartiennent à des univers éloignés du sien, doit leur apporter quelque chose. C'est dans la mesure où il détient dans sa personne, dans sa personnalité, ce *quelque chose* susceptible de les intéresser et de les séduire, qu'il peut attirer leur attention et obtenir d'eux des informations ou un soutien. Mais il doit, pour cela, être quelqu'un, c'est-à-dire transporter avec lui des éléments étrangers à leur monde, et perçus comme lui étant propres. S'il n'est rien d'autre que sa faculté d'adaptation, s'il n'est pas quelqu'un, pourquoi s'attacherait-on à lui[1] ? » Ou comment la vérité ancestrale de la cour reprend la main dans le champ actuel du capitalisme : n'être quelqu'un qu'à la condition d'être au service de l'autre, l'intéresser, au sens où l'on fait siens ses intérêts, soi-même croyant préserver ainsi ses propres intérêts, et dans le piteux calcul, y perdre et le peu de soi qui reste, et le peu de (lien à) l'autre dont l'altérité n'a jamais fait sens ni joie.

L'ACTE INSENSÉ DU DEVENIR REMPLAÇABLE

La souveraineté n'est jamais la vraie nature du pouvoir. « Le plus fort n'est jamais assez fort

1. *Ibid.*, p. 623.

pour être toujours le maître, s'il ne transforme sa force en droit et l'obéissance en devoir[1]. » La part des dominés dans la domination est donc structurelle, en co-fabriquant avec les dominants leur assentiment. Agissent-ils ainsi par peur, prudence, lâcheté, conviction de leur propre insuffisance ? Agissent-ils ainsi parce qu'ils l'ont fait trop longtemps sans remettre en cause le dogme organisateur des sociétés ? Sans nul doute. Les réveils nés de longs sommeils sont plus difficiles à opérer. « Le lien d'acier de la terreur constitue le corps politique pour en faire un instrument qui permette d'accélérer le processus de la nature ou de l'histoire. La terreur parvient à organiser les hommes de telle manière qu'ils n'existent plus au pluriel, mais seulement au singulier comme s'il n'y avait plus sur terre qu'un seul être humain gigantesque dont les mouvements coïncideraient, en toute certitude et de manière tout à fait prévisible, avec le déroulement d'un processus automatique et nécessaire de la nature ou de l'histoire. La terreur veut accélérer la vitesse de ces processus dont le déroulement est en lui-même nécessaire pour l'amener à un régime qu'elle ne pourrait atteindre sans l'aide d'une humanité organisée sous la forme d'un seul être[2]. » Comprendre *le lien d'acier de la terreur*, c'est comprendre comment la terreur met de l'acier à la place du lien. L'individu

1. Rousseau, *Du contrat social* (1762), Livre I, § 3.

2. Hannah Arendt, *Idéologie et Terreur*, introduction et notes de Pierre Bouretz, traduction de Marc de Launay, Hermann, 2008, p. 80.

ne peut plus faire lien, il est enserré par l'acier qui le ceint. À l'instant même où il pense, se met à penser l'individuation possible, il se brise sous l'acier, et ce qui lui fait face, ce n'est pas l'individuation possible, c'est l'isolement absolu. Autrement dit, le pouvoir opère par la capacité d'ôter la force d'individuation propre de ceux qu'il cherche à soumettre. Petit à petit, même s'il souhaite le faire plus vite encore, chacun est persuadé de son impuissance et de son isolement. Il est seul, et croit que chacun est seul et contraint de procéder comme lui-même procède. Petit à petit, la machine « système » prend place et redonne au pouvoir la force qu'il perdrait structurellement s'il ne restait que fait de violence. « Ce dernier non seulement prive les hommes de la capacité d'agir, mais il en fait de surcroît, comme s'ils étaient effectivement devenus un seul être, et avec un impitoyable esprit de suite, des complices de toutes les actions et tous les forfaits commis par le régime. » La déconstruction du pouvoir devient ainsi plus compliquée puisque les dominés y participent, soit par leur consentement, soit par une collaboration plus active encore, en étant ses relais officiels. Le pouvoir constitue les individus en les destituant de leur principe propre d'individuation. L'assujettissement demeure en effet un processus de constitution du sujet, pervers, mais effectif, dans la mesure où il produit quelque chose, à défaut d'accompagner l'émergence de quelqu'un. « La destruction de la pluralité, accomplie par la terreur, a pour conséquence le sentiment qu'éprouve chaque individu d'être complètement abandonné de tous les autres (l'instauration des camps de concentration dont les détenus devaient, chacun, être oubliés de tous, voire de leur propre famille, repose sur l'exacte inversion du principe en vigueur dans toute communauté normale et que le grand instinct politique de Clemenceau lui avait, pendant l'affaire Dreyfus, dicté sous cette forme : *L'affaire d'un seul est l'affaire de tous*[1]. » Le pouvoir par son agissement prouve ici sa nature totalitaire par essence. Ce qu'il cherche à détruire, c'est la capacité d'individuation propre de l'individu. Ou plutôt il parvient à faire croire à l'individu que son individuation requiert un strict individualisme. Or l'individualisme, au sens où l'individu ne saisit plus la place régulatrice et protectrice de l'autre, des autres, d'une obligation de constituer un ou plusieurs collectifs, menace l'avènement de l'individu en tant que sujet libre. Le pouvoir organise la « désolation » des individus, nullement la « solitude », propre au processus d'individuation. « Dans la solitude, je ne suis jamais seul, écrit Arendt ; je suis avec moi-même, et ce moi-même qui ne peut jamais être physiquement interchangeable avec tel autre est également tout un chacun. Une pensée solitaire est précisément une pensée dialogique, et en communauté avec tout le monde[2]. » L'entreprise de désolation opérée par le pouvoir vise à détruire chez l'individu son sentiment d'irremplaçabilité, de singularité

1. *Ibid.*, p. 113.
2. *Ibid.*, p. 119.

primordiale. Il pourra bientôt devenir un simple chaînon, semblable aux autres chaînons. Il pourra devenir relais de la machine, soit agir machinalement, c'est-à-dire ne plus penser par lui-même. « Dans la désolation, les hommes sont effectivement seuls, c'est-à-dire abandonnés non seulement des autres hommes dans le monde, mais aussi de ce soi que chacun peut être d'emblée dès qu'il est seul. Ils sont alors incapables de réaliser l'ambiguïté de la solitude, incapables de maintenir une véritable identité à soi qui n'est plus confirmée par les autres. Au sein d'une pareille désolation, le soi et le monde s'effondrent, c'est-à-dire en même temps une authentique capacité de penser et d'avoir des expériences[1]. » *Incapables de réaliser l'ambiguïté de la solitude* signifie que l'individu ne perçoit plus le caractère fécond de la solitude. Il ne perçoit que l'isolement, que l'abandon. Être seul devient la preuve d'une seule chose, son impuissance ; non pas sa force, ni sa fermeté d'âme, mais la preuve de la prévalence de la destruction sur la construction. Nous sommes seuls parce qu'il n'y a que de la destruction en ce monde. Nous sommes seuls comme pour dire que nous sommes détruits, de tout temps. Une manière d'invalider la nécessité du processus d'individuation en tant que tel. La désolation opérée par le pouvoir n'est pas conjoncturelle. Si elle était d'emblée occasionnelle, elle ne serait pas. Ce qu'elle atteint dans l'individu, c'est la possibilité de se penser hors de la désolation. Le pouvoir

1. *Ibid.*, p. 120.

dit à l'individu que la désolation est son milieu de vie.

Devenir chaînon. Cesser de croire en son irremplaçabilité. Le pouvoir a rendu fous les individus. Comment dénommer autrement cela ? Dans la mesure où nier son irremplaçabilité est insensé. C'est l'évidence même de l'individu qui est niée ici. Cesser de croire en sa propre irremplaçabilité pour devenir l'irremplaçable chaînon. L'acte est si insensé qu'il nécessite le devenir psychotique de l'individu. La psychose n'est pas l'apanage de la toute-puissance. La psychose suppose un fonctionnement machinique qui peut aussi se mettre au service de la seule performance d'obéissance. Obéir est déjà presque trop fort car une machine n'obéit pas. Pour obéir, il faudrait qu'elle ait conscience de son consentement à obéir. Or, pour devenir machine, pour devenir chaînon, pour devenir remplaçable, il faut être persuadé de son impuissance d'agir librement. Le chaînon *fait*, d'emblée. C'est la seule force du chaînon. Ne pas penser, maintenir le pouvoir un chaînon de plus. Le rendre plus continu. Le pouvoir perdure grâce aux rouages. « Quand on décrit un système politique – à savoir comment il fonctionne, quelles sont les relations entre les différentes branches du gouvernement, comment fonctionnent les grosses machineries bureaucratiques et leurs chaînes de commandement, et comment le civil, le militaire et les forces de police sont interconnectés […], il est inévitable que nous parlions de toutes les personnes utilisées par le système en termes de rouages qui font tourner l'administration.

Chaque rouage, c'est-à-dire chaque personne, doit être remplaçable sans qu'il soit besoin de changer le système, ce qui est le présupposé sous-jacent à toutes les bureaucraties, à tous les services publics et à toutes les fonctions proprement dites[1]. »

Tout l'enjeu est alors de liquider chez le rouage plus petit que soi le sentiment de son individuation, soit de son irremplaçabilité. Persuadé de n'être rien de singulier, d'être (même pas) un parmi d'autres, comment le rouage pourrait-il ressentir un sentiment de responsabilité ? Une fois ce sentiment de responsabilité liquidé, le pouvoir délègue précisément au chaînon la responsabilité de l'exécution d'une décision. Car la décision n'est nullement assimilable à la seule responsabilité. La responsabilité est un cycle faisant se succéder au dire (décision) le faire (agir). Dissocier les deux étapes de la responsabilité, c'est déjà tenter d'organiser sa liquidation, dans la mesure où l'on pourra plus difficilement désigner les responsables, du moins rendre plus confuse la nature de leur responsabilité. Le rouage agit donc, inconscient de la pertinence de son agir, soit parce qu'il est dissocié de la décision, soit parce qu'il est ignorant du sens global de l'action, par la division du travail inhérente à toute structure bureaucratique. « Dans la plupart des organisations criminelles, ce sont les petits rouages qui commettent effectivement les grands crimes, et

1. Hannah Arendt, *Responsabilité et Jugement*, Payot, rééd. 2005, p. 61.

on peut soutenir que l'une des caractéristiques de la criminalité organisée du IIIe Reich était qu'elle exigeait des preuves tangibles d'implication criminelle de la part de tous ses serviteurs, et pas seulement aux échelons inférieurs. » En effet, le nazisme ne se résume pas à un fonctionnement mafieux. Il est une idéologie. Il nécessite ainsi une colonisation des esprits plus forte et la nécessité de multiplier les relais prescripteurs, soit des relais au processus d'individuation perverti mais pas nécessairement annihilé. La force des procès de Nuremberg, comme celui d'Eichmann, est d'avoir circonscrit parfaitement les frontières de la responsabilité, en les rendant plus inclusives. Ainsi, « la question posée par la cour à l'accusé est : avez-vous, untel ou untel, individu doté d'un nom, d'une date et d'un lieu de naissance, identifiable et ce faisant irremplaçable, commis le crime dont on vous accuse et pourquoi ? Si l'accusé répond : *"Ce n'était pas moi la personne qui l'a commis, je n'avais ni la volonté ni le pouvoir de faire quoi que ce soit de ma propre initiative; j'étais un simple rouage, j'étais remplaçable; tout le monde à ma place l'aurait fait; je comparais devant ce tribunal par accident"* – cette réponse sera écartée comme sans fondement[1] ». En ce sens, la justice est toujours un processus de resubjectivation dans la mesure où elle transforme le rouage en sujet. Certes, il peut y avoir des circonstances atténuantes. Il n'empêche que la dynamique première de la justice est de resubjectiver l'individu,

1. *Ibid.*, p. 62.

notamment lorsqu'il a consenti à sa désubjectivation, de façon consciente ou inconsciente. « La question posée à ceux qui ont participé et obéi aux ordres ne devrait donc jamais être : pourquoi avez-vous obéi ? Mais : pourquoi avez-vous donné votre soutien[1] ? »

À cette question, les rouages peuvent user de l'argument du moindre mal. Arendt le reconnaît, il n'est pas simple à déconstruire car le fonctionnement même du pouvoir rend confuse la nature de sa participation, jusqu'où consent-elle à l'idéologie ? Jusqu'où en a-t-elle conscience ? Jusqu'où y est-elle opposée mais par stratégie et autoconservation le dissimule-t-elle ? Par ailleurs, si le pouvoir totalitaire se maintient, c'est parce que les dominés en partie y consentent, autrement dit, valident le mensonge par leur non-remise en cause de celui-ci. Dès lors, si le pouvoir doit être renversé, c'est nécessairement aussi de l'intérieur, tant les principales victimes du pouvoir sont également ses principaux relais. Leur endoctrinement consolide le pouvoir. « L'acceptation du moindre mal est consciemment utilisée pour conditionner les fonctionnaires comme la population en général à accepter le mal comme tel. [...] L'extermination des Juifs a été précédée par une suite très progressive de mesures antijuives, et chacune a été acceptée au motif que refuser de coopérer aurait empiré les choses – jusqu'au stade où rien de pire n'aurait pu arriver[2]. »

1. *Ibid.*, p. 78.
2. *Ibid.*, p. 68.

L'argument du moindre mal est néanmoins inefficace dans la mesure où il est antinomique de l'absence de pensée. On ne peut se revendiquer du rouage, du non-accès à la vision globale de l'action, et se déclarer simultanément partisan du moindre mal. Pour demeurer hors du champ de la responsabilité, il faut veiller à préserver l'apparence de la non-pensée. Or le moindre mal est une pensée. Eichmann n'utilise d'ailleurs pas la théorie du moindre mal. Il lui préférera celle du légalisme, celle qui consiste à ne pas penser la loi que l'on applique. Ou plutôt à refuser de la penser. Il est difficile, on le voit, de s'extraire de la pensée. Eichmann évoquera assez peu l'argument. Il reconnaîtra néanmoins « avoir essayé d'éviter autant que possible les souffrances inutiles ». Mais comprenant sans doute que cela le réinstallait dans le cercle de la pensée et de la responsabilité, il ajoutera que cette requête faisait d'ailleurs partie des directives ordinaires qu'il recevait. Pour autant, la stratégie de défense d'irresponsabilisation d'Eichmann se fissure lorsqu'on observe son comportement avec l'administration. L'objet de son vouloir s'éclaire soudain. Il ne veut pas être mis en défaut par son administration. Preuve qu'il exerce bien un type de jugement. Le Nom-des-Pairs est tout à fait présent. En cernant la nature d'Eichmann, Arendt cerne celle du mal, et de sa banalité. Ni approche incantatoire, ni approche exceptionnelle, ni approche pathologique. Le mal totalitaire est une figure de la normalisation. Eichmann possède bien une « mauvaise conscience » : celle de ne pas exécuter les ordres correctement. Il est très attaché à l'idée de « bonne société » et de sa reconnaissance par celle-ci, notamment en termes de carrière. Jusqu'à la fin, il a cru à la « bonne société ». C'est cela aussi « l'étendue de l'effondrement moral ». À la question du tribunal : « De quoi vous souvenez-vous ? », la réponse d'Eichmann sera sempiternellement la même. Il n'évoquera jamais l'Histoire, jamais la catastrophe de la raison qui se joue sous ses yeux. « Eichmann se souvenait assez bien, écrit Arendt, des tournants décisifs de sa propre carrière mais ceux-ci ne coïncidaient pas nécessairement avec les tournants décisifs de l'Histoire[1]. » Eichmann se revendique du seul impératif d'avoir exécuté son devoir. Mais que signifie « faire son devoir[2] » ? Peut-on être un simple rouage et « faire son devoir » ? Faire son devoir ne suppose-t-il pas une conscience et partant une responsabilité ? Comment alors plaider le contraire ? « À tous les chefs d'accusation, Eichmann plaida non coupable dans le sens de l'accusation. Dans quel sens se croyait-il donc coupable ? » interroge Arendt. Eichmann parle de « devoir » mais voilà qu'il reconnaît dans le même temps n'être pas légitime pour s'interroger. La notion même de « devoir » suppose la reconnaissance de la légitimité. Ce serait, sinon, un agissement sous la contrainte. Mais Eichmann n'a nullement été contraint. C'est la contradiction majeure de son argument : se

1. Hannah Arendt, *Eichmann à Jérusalem* (*New Yorker*, 1963), Gallimard, « Folio », 2002, p. 124.
2. *Ibid.*, p. 188.

revendiquer de l'impératif kantien nécessite de se revendiquer de la responsabilité qui lui est inhérente. Reconnaître qu'il y a « devoir », c'est reconnaître qu'il y a derrière le devoir un sujet qui pense que ce devoir est légitime. Or Eichmann n'a de cesse de dire : « Qui était-il pour juger ? qui était-il pour avoir des idées personnelles sur la question[1] ? » Par ailleurs, sa compréhension faussement orthodoxe de l'impératif kantien l'est doublement dans la mesure où elle est à géométrie variable : Eichmann a remis en cause certains ordres. Le rouage, en ce sens, s'est fait maître du rouage qui le précédait. « Quand Himmler devint modéré, Eichmann se mit à saboter ses ordres autant qu'il l'osait[2]. » Là encore, le zèle témoigne que la « machine » est plus intentionnée qu'on ne le croit.

Il peut néanmoins ne pas y avoir de zèle. Ne plus y en avoir, du moins. Le cas Eatherly n'est pas le cas Eichmann. Dans la correspondance qu'il échange avec Günther Anders, le pilote qui a conduit la mission de la bombe A sur Hiroshima raconte comment il a été interné pour avoir refusé d'être traité en héros. Le tribunal tranchera : l'accusé n'est pas coupable mais atteint d'une schizophrénie paranoïde. Eatherly a sûrement été rendu fou par l'atrocité commise. Mais sa folie résulte d'abord du refus catégorique de la société de reconnaître son horreur. « Pouvons-nous faire confiance à ces scientifiques du nucléaire pour

1. *Ibid.*
2. *Ibid.*, p. 271.

retarder leur travail et paralyser les organisations politiques et militaires ? Pourriez-vous leur demander de mettre en péril leur premier amour en renonçant à toutes les bourses, au laboratoire et au soutien du gouvernement, et de s'unir pour exiger un tuteur de confiance pour l'enfant de leur esprit[1] ? » La demande est loin d'être insensée. La lucidité sur le renoncement au premier amour rappelle que la capacité de sublimation de la culture a partie liée avec le deuil symbolique. À la question d'Eatherly, Anders répond par la nécessité d'élargir le front éthique. S'adresser aux scientifiques ne suffira pas. La reconnaissance de la barbarie est l'affaire de l'opinion tout entière. Eatherly ne cherche nullement à rendre la société coupable pour y dissoudre sa propre culpabilité. C'est la détermination à être responsable qui effraie cette société de la fuite de l'éthique. Parce que, en reconnaissant sa responsabilité, la société reconnaît implicitement la sienne. Alors Eatherly n'aura de cesse de chercher à se punir, en commettant toutes sortes d'actes illégaux destinés à l'enfermer. « J'ai passé presque huit années dans des hôpitaux et quelques moments en prison, écrit-il à Anders. J'ai toujours paru plus heureux en prison car je me sentais libéré de ma culpabilité en étant puni[2]. » Reconnaître qu'il s'est délibérément contenté d'être un rouage

1. Günther Anders, « "Hors limite" pour la conscience. Correspondance avec Claude Eatherly, le pilote d'Hiroshima », *Hiroshima est partout* (1995), Seuil, rééd. 2008, p. 336.

2. *Ibid.*, p. 408.

est l'acte irremplaçable que commet Eatherly. Le reconnaître et le dénoncer. Il participe ainsi à la définition contemporaine de la responsabilité et montre comment les politiques publiques inventent une implication dont la confusion rend problématique la prise de conscience[1]. Il a pris sur lui ce qu'il n'avait pas par lui-même entrepris et est devenu la contre-figure d'Eichmann. Il n'est pas resté la figure funeste qu'il avait été pendant la guerre. Il est devenu la figure symbolique de la responsabilité[2].

On ne lutte contre les pouvoirs en place que par l'action, au sens arendtien du terme, par cette forme d'agir qui s'extrait par nature des ordres initiaux. Lutter contre le pouvoir, son idéologie, ses relais de la domination – dominés et dominants – nécessite l'action, et la première d'entre toutes, le principe d'individuation. « En agissant et en parlant les hommes font voir qui ils sont, révèlent activement leurs identités personnelles uniques[3]. » Eichmann, Eatherly, c'était un autre temps. Si peu étranger au temps présent, pourtant. Il ne s'agit pas de dire que l'Histoire se répète. Il s'agit de dire que nous ne comprenons jamais les leçons de l'Histoire. Nous n'apprenons rien. Nous croyons apprendre et nous devenons les chaînons de nos propres vies, dans l'impossibilité de vivre une vie digne alors que le danger

1. *Ibid.*, introduction, p. 45.
2. *Ibid.*, p. 56.
3. Hannah Arendt, *Condition de l'homme moderne*, Pocket, « Agora », rééd. 2002, p. 236.

imminent n'est plus. Apprendre est si dur. Traduire cet apprentissage dans nos vies est si inconfortable. Si cette notion d'irremplaçabilité peut servir, c'est peut-être là : dans cette piqûre de rappel, que la philosophie grecque connaît si bien. Comprendre que ce que nous croyons avoir appris, nous ne l'avons pas appris, ou si mal, et donc se réveiller, réveiller nos vies. Ce n'est pas encore de l'action, l'irremplaçabilité affleure à peine. Mais ce seul affleurement fait qu'il y a réveil, qu'il y a lumière, qu'il y aura peut-être la brisure du chaînon.

LE SPECTRE PSYCHOTIQUE ORDINAIRE

Là où la psychose est rare, la dimension psychotique ordinaire est présente dans chaque sujet. La suite varie en fonction des brides que lui impose ledit sujet. Il ne s'agit nullement ici d'étudier les psychoses d'essence génétique, mais d'étudier un comportement spécifique, bien plus commun, et lié directement à l'environnement du sujet et aux dommages qu'il peut faire subir à son processus d'individuation. « Je commençai à croire que les êtres humains sont capables de tout. Les hommes modernes, gouvernés de l'extérieur, sont si habitués à chercher approbation ou désapprobation dans leur entourage social immédiat que je pourrais, avec un meneur de jeu, une atmosphère et une situation expérimentales appropriées, amener mes sujets à modifier leurs rôles [...] accoutumés[1] », écrit le docteur Rhinehart, psychiatre, décidé à vivre une expérience limite d'individuation dans la mesure où il s'agit de nier expressément l'unité et le libre arbitre du sujet. Rhinehart va devenir l'homme-dé pour rappeler de façon chaotique la vérité proustienne de l'émiettement du sujet. « Nous ne sommes pas nous-mêmes ; en vérité, il n'y a plus rien qu'on puisse encore appeler un moi, nous sommes multiples, nous avons autant de moi qu'il y a de groupes auxquels nous appartenons[2]. » Certes, l'expérience de Rhinehart est quasi existentielle, elle relève quasiment de l'œuvre psychiatrique en soi, comme une tentative d'approcher le fonctionnement psychique humain, et plus généralement de défier la communauté psychiatrique en tant que telle. Rhinehart est aussi le prisonnier du Nom-des-Pairs même s'il cherche à le destituer et à s'autonomiser. Il n'empêche que bouleverser cette communauté reste un enjeu. Pour autant, Rhinehart s'appuie initialement sur une vérité tout à fait juste du sujet et dont Deleuze et Guattari ont dessiné le contour : « ça fonctionne partout, tantôt sans arrêt, tantôt discontinu. Ça respire, ça chauffe, ça mange. [...] Partout ce sont des machines [...]. La promenade du schizophrène : c'est un meilleur modèle que le névrosé couché sur le

1. Luke Rhinehart, *L'Homme-Dé* (1971), Éditions de l'Olivier, 1995, p. 201.

2. J. H. Van Den Berg, cité en exergue de *L'Homme-Dé, op. cit.*, p. 13.

divan[1] ». En un mot, l'inconscient humain révèle la nature machinique du sujet, une machine désirante aux allures d'usine en surchauffe. Et Deleuze et Guattari de livrer la nouvelle cartographie de la folie ordinaire, celle qui décrypte en creux les injonctions capitalistiques. De quel type d'individu le capitalisme débridé a-t-il besoin pour prospérer ? Quelle est cette individuation qui fait son délice du *gouvernement par l'extérieur* ? Comme si on avait l'efficace de l'automate, un automate intelligent, attention, mais un automate sans conscience de soi. Terriblement efficace parce que piloté virtuellement. Un automate qui ne sent plus l'abandon, qui est « déterritorialisé », mais qui n'est plus blessé par la déterritorialisation imposée. En somme, ne plus souffrir, et être efficace, un rêve pour l'individu moderne. « Le névrosé reste installé dans les territorialités résiduelles ou factices de notre société, et les rabat toutes sur Œdipe comme ultime territorialité qui se reconstitue dans le cabinet de l'analyste, sur le corps plein du psychanalyste (oui, le patron, c'est le père, et le chef d'État aussi, et vous aussi, docteur...). Le pervers, c'est celui qui prend l'artifice au mot : vous en voulez, vous en aurez, des territorialités infiniment plus artificielles encore que celles que la société nous propose [...]. Quant au schizo, [...] il s'enfonce toujours plus loin dans la déterritorialisation [...]. Le schizophrène se tient

1. Gilles Deleuze, Félix Guattari, *L'Anti-Œdipe. Capitalisme et schizophrénie*, Les Éditions de minuit, 1972, p. 7.

à la limite du capitalisme : il en est la tendance développée, le surproduit, le prolétaire et l'ange exterminateur[1]. » Si le pervers est le gardien du capitalisme effréné, en devenant lui-même producteur d'ordres artificiels et démultipliés, chaque pervers tentant d'apprivoiser le dysfonctionnement général pour son propre profit, la figure deleuzienne du schizophrène serait quant à elle plus existentielle – non strictement utilitariste –, quasi poétique. Chez Deleuze, il n'est pas sûr qu'elle soit à proscrire dans la mesure où elle semble libérer les forces de l'inconscient si longtemps détournées par la société et ses figures du maître successives jusqu'à celle du psychanalyste freudien. En somme, le schizophrène accomplit la libéralisation de l'inconscient et plus généralement met à nu le procédé pervers et artificiel de la cure analytique[2]. S'il existe une folie, ce n'est pas celle que l'on croit, c'est celle de l'artificialité érigée en réalité. Tel est aussi le projet de Rhinehart : libérer les hommes par l'expérience de l'homme-dé, qui soumet au seul hasard ses destinées et leur improbable processus d'unification. « Venu de la psychiatrie, j'ai pris la passion, tant comme psychiatre que comme homme-dé, de changer la personnalité humaine. La mienne. Celle des autres. De tout le monde. De donner aux hommes le sens de la liberté, de la gaieté, de la joie. De rendre à la vie la même puissance de choc du vécu qu'on éprouve en sentant pour la

1. *Ibid.*, p. 43.
2. *Ibid.*, pp. 383-384.

première fois la terre sous ses pieds nus[1]. » C'est là une vision bien romantique, si intellectualiste, si esthétique de la schizophrénie comme mode de l'individuation magistrale, celle qui révèle au sujet ses natures infinies. Une infinité qui contraste néanmoins considérablement avec la dimension algorithmique de la machine. Le refus de la limitation du moi n'est-il pas initialement une sorte de souci littéraire, le problème du romantisme ? Que le sujet soit pervers ou schizophrène, un même refus de la limitation leur est commun. Le pervers l'habille en devenant illusoirement la loi ; quant au schizophrène, il déterritorialise tant qu'il peut sa conscience, dans un imaginaire renforcé par le déni. Finalement, le rapport au pouvoir dit la pauvreté de l'aventure. Le pervers est intriqué dans la circulation du pouvoir, le schizophrène, tout déterritorialisé qu'il soit, est sans cesse sous l'œil des autres – qui n'en sont plus pour lui. Tout déployé qu'il soit, au travers de ses multiples *moi*, il n'est nullement libre. Lui aussi pratique l'odyssée. Même « ailleurs », il tourne en rond.

La vision philosophique de la schizophrénie – à défaut de sa vision strictement psychotique – tente néanmoins de dire ce qu'il faudrait pour résister au capitalisme. Surproduit certes, mais ange exterminateur, écrivent Guattari et Deleuze. C'est bien là l'aspect littéraire de la chose, la possible libéralisation du sujet, et en dernière instance, un mode d'individuation proprement autonome. Il faudrait, pour tenir, expérimenter

1. Luke Rhinehart, *L'Homme-Dé*, *op. cit.*, p. 16.

le détachement incessant, n'avoir aucun lien, ni d'amour ni de subordination, avec les autres ou la société. Il faudrait par sa seule individuation produire un territoire, immédiatement évanescent car surgirait un autre moi, sans lien avec l'ancien, produisant un nouveau territoire. Rien d'artificiel, rien de durable. Et malgré tout l'individuation. Tel est le rêve de Rhinehart, si tristement peu schizophrénique, d'exploser en possibilités. « L'ennui que j'éprouvais depuis si longtemps semblait gratuit. Je me voyais déclarer après chaque nouvelle décision du hasard : *"le sort en est jeté"*, et traverser en pataugeant quelque nouveau et toujours plus large Rubicon. Une vie mourait, submergée par l'ennui, et après ? Vive la nouvelle vie[1]. » Seulement, il n'y aura pas de nouvelle vie. La schizophrénie heureuse deleuzienne est une chimère pour bien-portants où il s'agit de guérir le mal par le mal mais dans un premier – et long – temps, le capitalisme se repaît d'individus endommagés.

Le schizophrène n'est pas la création artiste libérée de la société. Il est le « surproduit », le délire machinique de la société. Sa matière n'est pas celle d'un « ailleurs ». Il est pris au piège des horizontalités et des verticalités préexistantes. Les schizophrènes, « loin d'être des autistes repliés sur eux-mêmes et coupés du monde, sont on ne peut plus ancrés dans l'histoire. [...] les délires des schizophrènes ne portent pas sur des objets sortis de leur propre imagination, mais sur des référents historiques précis [...]. Le sujet schizophrène

1. *Ibid.*, p. 83.

n'est pas un moi en tant que contenu identitaire déterminé qui se choisirait dans son délire des identités fictives sans rapport avec le "véritable" contenu de son moi. Il s'agit plutôt d'un mouvement processuel qui fait du sujet un individu en perpétuelle déprise avec lui-même[1] ». La schizophrénie heureuse serait une schizophrénie de la volonté. Mais celle-ci n'est jamais le projet de la volonté. Annihiler l'idée même de volonté, tel est d'ailleurs le projet capitalistique qui a pour but de produire le désir. L'intensité de la vie schizophrénique l'est par procuration. Et elle ne semble pouvoir échapper au tragique. « Je suis Prado, je suis le père de Prado, j'ose dire que je suis Lesseps : je voulais donner à mes Parisiens que j'aime une nouvelle notion, celle d'un criminel honnête. Je suis Chambige, un autre criminel honnête... Ce qui est désagréable et gêne ma modestie, c'est qu'au fond *chaque nom de l'histoire, c'est moi*[2]. » Nietzsche signe ici une lettre destinée à Burckhardt qui trahit sa démence et son odyssée du pire dans la mesure où il s'agit respectivement de deux criminels et d'un « haut » délinquant, les premiers ayant tué une prostituée et la femme anglaise d'un autre, le dernier étant impliqué dans le scandale de Panamá, soit le plus gros scandale de la IIIe République. « Le sujet s'étale sur le pourtour du cercle dont le moi a déserté le centre[3]. » Faut-il comprendre la religion du Dé de

1. Pierre Sauvêtre, « Folie/non-folie », *Tracés*, 6/2004.
2. Nietzsche, lettre du 5 janvier 1889, cité in *ibid*.
3. Gilles Deleuze, Félix Guattari, *L'Anti-Œdipe. Capitalisme et schizophrénie*, *op. cit.*, p. 28, cité in *ibid*.

Rhinehart comme une démission de la condition de l'homme ? Pour échapper au *gouvernement par l'extérieur*, Rhinehart n'a rien trouvé de mieux que de s'en remettre au gouvernement par le hasard, tout aussi extérieur.

Le spectre psychotique ordinaire joue de la confusion entre différentes dimensions psychotiques, schizophrénique ou autre. Il flirte avec la névrose. Les années 70 ont vu le phénomène schizophrénique prendre de l'ampleur, les années actuelles lui préfèrent le bipolarisme (ou la restauration de la pathologie maniaco-dépressive) et l'hyperactivisme. Ces diagnostics s'inscrivent par ailleurs dans une pathologisation de l'existence que le *DSM* (*Manuel diagnostique et statistique des troubles mentaux*) représente parfaitement. Néanmoins, les troubles du comportement, sans antécédent pathologique, se démultiplient. Pour seul exemple, ce que Cournut appelait les « névroses du trop » et les « névroses du vide ». « Débordement affectif et trop-plein d'excitation pour les premières ; sentiment de vide psychique caractérisé par l'*incapacité douloureuse d'éprouver, de penser, d'imaginer*[1]. » Un individu assiégé, tant par son infatuation que par sa mésestime, chacune s'alimentant de l'autre. Une pathologie ordinaire du bord. L'autisme en est une autre, mais nullement sociétale. Chez ces individus, il n'y a que parodie autistique, impossibilité de

1. Jean Cournut, *L'Ordinaire de la passion*, PUF, 2002, cité *in* Nicole Aubert (dir.), *L'Individu hypermoderne*, Érès, 2004, p. 74.

faire bord. Ils sont sans cesse « débordés » par eux-mêmes. Ils ressemblent à ces enfants dont Dolto et Pontalis dressent le portrait, à l'occasion de l'étude du cas Helen. « Certains enfants se détraquent parce qu'ils ne rencontrent pas assez de sévérité : ils sentent alors leurs parents débordés par leur propre force. Il n'y a rien qui soit plus anxiogène pour un enfant. Miss Sullivan, elle, se montre à la hauteur de l'agressivité de l'enfant. » Certes Helen est autiste[1]. Enfant aveugle, sourde et muette, elle représente la violence des sens qu'elle n'a pas. Face à cette enfant qui « refuse » d'en être un, dans la mesure où elle est incapable de toute forme d'apprentissage de l'individuation, l'être des parents est en lambeaux. Purement le désœuvrement. L'arrivée de Miss Sullivan va tout renverser. Déterminée à éduquer l'enfant, comme d'autres entrent en lutte, Miss Sullivan travaille à ouvrir Helen au monde qui l'entoure. Certes, tous les enfants ne sont pas Helen. Mais tous les enfants ont une Helen, de moindre intensité, en eux. Les adultes ne parviennent pas toujours d'ailleurs à la dompter. La dimension autistique est familière à chacun, de l'enfant à l'adulte que nous devenons. « C'est par la dévoration qu'elle vivait », dit Françoise Dolto à propos d'Helen avant sa rencontre avec l'institutrice, qui prend le parti de la « dresser ». Rien de moins. Rien de plus étranger à

1. *Miracle en Alabama*, pièce de théâtre de William Gibson, elle-même inspirée de *L'Histoire de ma vie* par Helen Keller. L'entretien Dolto-Pontalis est publié dans *Après Freud*, Gallimard, 1968, de J.-B. Pontalis.

l'éducation. Sauf qu'il y a dressage et « apparence du dressage ». Il y a l'autoritarisme qui manque toujours son but en s'acoquinant avec la domination et il y a la lutte pour l'éducation, l'action véritable, le combat incessant, qui relève parfois du « corps à corps », mais comme le souligne Dolto, d'un « corps à corps » résolument non érotisé et dont le seul but est de provoquer un contact de type symbolique : « le corps à corps opère uniquement au service de l'enseignement ». Au-delà du don qu'il peut sembler être, l'enseignement est toujours une lutte : *s'obliger* à transmettre, faire face à la résistance de l'autre qui croit savoir déjà, qui ne veut pas apprendre davantage ou autrement, qui ne sait pas ce qu'apprendre signifie, et soi-même devoir sans cesse remettre en cause ce que l'on croit savoir et ce que l'on croit devoir transmettre, sans cesse aussi veiller à ce que son désir de transmettre ne disparaisse pas.

IRREMPLAÇABILITÉ ET ÉDUCATION

À LA HAUTEUR DE L'AGRESSIVITÉ

De nos jours, l'éducation semble avoir oublié la dimension de la lutte. Pourtant, la sortie de l'état de minorité est à ce prix. Si elle forme l'horizon de l'homme, elle n'est nullement certaine. Et voilà qu'à défaut d'affronter l'ascétisme éducatif, celui-là même qui fait du bord alors qu'on aimerait que cela déborde, chacun expérimente la saturation des sens, croyant échapper par de tels divertissements à l'adaptabilité contrainte. Ou comment créer une territorialité autistique tout artificielle parce que l'on n'a pas su se montrer à la hauteur de l'agressivité d'un moi qui n'a pas appris la sévérité de l'individuation. Personne ne veut se montrer *à la hauteur* de l'agressivité des individus que nous sommes devenus. Le désœuvrement parental n'est d'ailleurs que le nom particulier d'un désœuvrement plus général, qui touche tous les acteurs de la société, dans l'appréhension de leur responsabilité (jusqu'où cette vie qui est la leur les concerne-t-elle ?).

Cette « apparence du dressage » n'est que l'autre nom de la discipline, cette chose qu'il semblait évident d'apprendre à l'âge kantien, et qui n'était nullement compatible avec le dressage. « On peut ou bien se borner à dresser l'homme, à l'entraîner, à l'instruire mécaniquement, ou l'éclairer réellement. On dresse les chiens, les chevaux, on peut aussi dresser les hommes. [...] Mais le dressage ne pourvoit pas à tout, il importe en priorité que les enfants apprennent à penser[1]. » Cette *apparence du dressage* se présentait alors comme l'en deçà de l'éducation. Elle relevait même, avec le soin et l'instruction, de la dialectique complète de l'éducation. La discipline, non pour faire disparaître son irremplaçabilité, mais pour précisément la sculpter, la faire apparaître formellement. Qu'est-ce que le soin chez Kant ? Précisément cette précaution que les parents prennent « pour éviter que les enfants ne fassent un usage nuisible de leurs forces[2] ». Car qu'est-ce qu'un individu accompli si ce n'est celui qui sait user correctement de sa force, sans en abuser, sans se mettre lui-même en danger ? L'éducation kantienne est méthodique, elle procède par étapes, et surtout elle ne se déploie qu'en fonction d'une idée régulatrice plus

1. Emmanuel Kant, *Propos de pédagogie*, introduction (1803), trad. P. Jalabert, in *Œuvres philosophiques*, III, Gallimard, « Pléiade », 1986, p. 1158.

2. Kant, *Réflexions sur l'éducation*, trad. Alexis Philonenko, Vrin, rééd. 1993, p. 69.

globale : « Voici un principe de l'art de l'éducation que particulièrement les hommes qui font des plans d'éducation devraient avoir sous les yeux : on ne doit pas seulement éduquer les enfants d'après l'état présent de l'espèce humaine, mais d'après son état futur possible et meilleur, c'est-à-dire conformément à l'Idée de l'humanité et à sa destination totale. Ce principe est de grande importance. Ordinairement les parents élèvent leurs enfants seulement en vue de les adapter au monde actuel, si corrompu soit-il. Ils devraient bien plutôt leur donner une éducation meilleure, afin qu'un meilleur état pût en sortir dans l'avenir[1]. »

Autrement dit, il n'y a pas d'éducation particulière qui ne fasse écho à l'éducation plus générale de l'humanité, et ce pour alimenter plus globalement la notion de progrès. L'éducation, si intime soit-elle, reste l'entreprise publique majeure, non parce qu'elle doit être confiée aux seules institutions publiques, mais parce qu'elle consolide la qualité du projet politique en tant que projet de la raison humaine. C'est là aussi où l'institution éducation se nourrit du cœur des hommes, de l'effort des familles, plus simplement encore de l'amour qui est donné aux enfants, et qui n'a pas sa place dans l'espace public, au sens où il n'est nullement imposé à l'homme d'offrir son amour à l'espace public. Mais les voies de l'amour nourrissent autrement la transmission plus générale qu'est l'éducation humaine. Toute éducation

1. *Ibid.*, pp. 79-80.

particulière consolide l'éducation générale. D'une certaine manière, la singularité de l'amour, la singularité de la transmission, cette qualité-là, vient alimenter le grand projet éducationnel global, non pas de façon volontaire, ni même consciente. Mais par irrigation. Nous travaillons tous, en tant que parents et enfants, au progrès de l'éducation. L'amour dont nous enveloppons nos enfants irradie au-delà d'eux. Il nourrit un geste plus global, un geste qui n'est pas exclusivement intime, mais qui est humain. C'est l'aspect politique de l'amour : il construit inlassablement. « L'éducation est le plus grand et le plus difficile problème qui puisse être proposé à l'homme. En effet, les lumières dépendent de l'éducation et à son tour l'éducation dépend des lumières[1]. » Chez Kant, apprendre à sortir de l'état de minorité suppose de comprendre la notion de limite ou de contrainte. Ensuite, cette sortie se déploiera comme critique même de ces limites, dans la mesure où penser se définit aussi par le fait de poser des frontières et d'explorer la légitimité des limites préétablies. Preuve que Kant n'assimile nullement les valeurs de la discipline et de l'instruction, il les distingue de façon terminologique, en nommant la première « éducation négative », et la seconde « éducation positive ». La première met ses pas dans ceux de la nature dans la mesure où il s'agit d'apporter les soins essentiels à la santé de l'enfant, à sa vitalité, sa motricité, et par la suite, de canaliser la force animale qui sommeille en lui. « La

1. *Ibid.*, p. 77.

discipline transforme l'animalité en humanité. Par son instinct un animal est déjà tout ce qu'il peut être, une raison étrangère a déjà pris soin de tout pour lui. Mais l'homme doit user de sa propre raison. Il n'a point d'instinct et doit fixer lui-même le plan de sa conduite. Or, puisqu'il n'est pas immédiatement capable de le faire, mais au contraire vient au monde pour ainsi dire à l'état brut, il faut que d'autres le fassent pour lui. [...] La discipline empêche que l'homme soit détourné de sa destination, celle de l'humanité, par ses penchants animaux. Elle doit par exemple lui imposer des bornes, de telle sorte qu'il ne se précipite pas dans les dangers sauvagement et sans réflexion. La discipline est ainsi simplement négative ; c'est l'acte par lequel on dépouille l'homme de son animalité ; en revanche l'instruction est la partie positive de l'éducation. » Puis vient, à proprement parler, le moment de l'enseignement, qui correspond souvent à l'école, et où l'on comprend la valeur morale et intellectuelle de la notion de limite. « La première époque chez l'élève est celle où il doit faire preuve de soumission et d'obéissance passive ; la seconde celle où on lui laisse, mais sous des lois, faire déjà un usage de la réflexion et de sa liberté. La contrainte est mécanique dans la première époque ; elle est morale dans la seconde[1]. » Pour Kant, il est très important de ne pas confondre l'une avec l'autre, pour l'apprentissage même de la loi morale. En effet, toujours selon l'aplomb kantien bien connu, si

1. *Ibid.*, p. 85.

l'on punit un enfant parce qu'il ment, on ne saura jamais l'apport de la loi morale en tant que telle : l'enfant refusera-t-il de mentir parce que connaissant la loi morale ? Ou l'enfant refusera-t-il de mentir par crainte d'être puni ? « La moralité est quelque chose de si sacré et de si sublime qu'on ne doit pas la rabaisser à ce point et la mettre sur le même rang que la discipline. » Partant, on sait bien qu'à terme une discipline qui s'assimile aux seules contrainte et docilité fait manquer la cible éducationnelle.

AUTORITÉ ET DISCIPLINE

La discipline n'est d'ailleurs pas assimilable à l'obéissance. Certes, elle peut se confondre avec elle, et manquer par là même sa valeur propre de force méthodologique. La discipline, à terme, c'est plus de vitesse, d'efficacité pour soi. Moins de fatigue aussi, moins d'épuisement. C'est un sens de la mesure au service de l'action, la sienne. Elle est nécessaire à l'individuation, d'autant plus nécessaire qu'elle peut être instrumentée au service d'un autre. Dès lors, elle se retourne contre l'individuation. Il est ainsi impératif de veiller à toujours la préserver pour soi, au service du souci de soi, et de la continuité qu'il forme avec le souci public. Plus l'enfant acquiert tôt la discipline, plus il est apte à l'orienter. La discipline est une réciprocité à elle toute seule. Elle fait découvrir l'autre en soi, celui susceptible d'atténuer les insuffisances du moi, et qui pourra régénérer le temps de trouver mieux. L'acquérir est difficile tant elle est subtile et se laisse confondre avec la subordination inutile. Preuve de son irremplaçabilité au service de l'individu, le pouvoir, les dominations de toutes sortes la traquent pour récupérer sa puissance. Mais ils ne la récupèrent jamais vraiment. Ils ne récupèrent que son ersatz, une forme d'obéissance dont la vérité n'est que la dissimulation. La discipline est le moyen de production qui appartient au soi, l'inaliénable moyen de production, au seul service d'une valeur ajoutée pour soi. En ce sens, la plus-value dégagée par la force collective de production n'est que la résultante des disciplines personnelles agrégées et contraintes. Certes, elles ne délivreront jamais leur valeur ajoutée finale. Mais le mécanisme de la contrainte est si puissant qu'elles font déjà l'objet, même dans leur version avariée, d'une usurpation. Heureusement, il n'est rien de plus aisé que de feinter la discipline et d'amoindrir sa force de production. C'est d'ailleurs une technique de résistance essentielle. La discipline est ce que l'individu offre à l'autorité, qu'elle renvoie à un *augere* extérieur – mais jamais tout à fait extérieur puisque l'ajout d'augmentation est en grande part le fait de l'individu – ou à l'*auctor* que chacun aspire à devenir. Elle est plus qu'une motricité de l'âme, elle est le principe cardinal des motricités, psychique et physique. Si la discipline ne s'offre à l'autoritarisme que par simulacre, elle s'articule en revanche dialectiquement avec l'autorité. Elle prend conscience de la nécessité de l'asymétrie, qui ne confine pas à l'inégalité. Tel est le sens du vieil adage platonicien : « Lorsque les pères s'habituent à laisser faire les enfants, lorsque les fils ne tiennent plus compte de leurs paroles, lorsque les maîtres tremblent devant leurs élèves et préfèrent les flatter, lorsque finalement les jeunes gens méprisent les lois, parce qu'ils ne reconnaissent plus au-dessus d'eux l'autorité de rien ni de personne, alors c'est là, en toute beauté et en toute jeunesse, le début de la tyrannie[1]. » La tyrannie est une pathologie de la démesure, de l'absence de compréhension de ce qu'est une limite, au sens où celle-ci possède une valeur créatrice. L'absence d'autorité solde l'émergence de l'autoritarisme. Partant, le premier travail de l'éducation est de veiller au maintien de l'autorité et du respect de celle-ci. Éduquer, c'est transmettre à l'individu la capacité de reconnaissance des légitimités.

La discipline est par ailleurs l'en deçà de l'attention, si essentielle à tout processus d'apprentissage et d'expérience relationnelle. Les termes de « self discipline » sont plus éloquents que celui d'autodiscipline, à l'apparence plus machinique, comme s'il s'agissait de faire de soi une machine alors qu'il s'agit de créer les conditions de possibilité d'une réciprocité avec soi-même. La self discipline rappelle par ses termes mêmes qu'elle est au service de soi, pour soi, par soi. « *Interest and discipline are correlative aspects of activity having an aim. Interest means that one is identified with the objects which define the activity and which furnish the means and obstacles to its*

1. Platon, *République*, VIII, 562b-563e.

realization. Any activity with an aim implies a distinction between an earlier incomplete phase and later completing phase; it implies also intermediate steps. To have an interest is to take things as entering into such a continuously developing situation, instead of taking them in isolation. The time difference between the given incomplete state of affairs and the desired fulfillment exacts effort in transformation, it demands continuity of attention and endurance. This attitude is what is practically meant by will. Discipline or development of power of continuous attention is its fruit[1]. » La discipline rend l'attention et la concentration durables. Elle permet cette endurance de l'esprit et du corps, révélant ainsi la véritable nature du souci de soi qui n'est autre qu'un travail, celui-là même dont on possède la définition. La discipline transforme le caractère purement théorique de la finalité du travail. Elle est ce principe de réalité au service de l'imagination primordiale de l'individu. Pour libérer sa pleine puissance, sa pleine capacité de transposition dans le Réel, elle doit nécessairement puiser dans la faculté noétique propre du sujet. La discipline est ce qui permet d'intérioriser une fin, sachant qu'intérioriser une finalité n'a de valeur qu'à la condition qu'elle devienne effective. La discipline rappelle qu'apprendre n'est pas qu'un acte spontané. Apprendre à apprendre, libérer en soi la faculté de l'apprentissage, forme le début de l'éducation. Il suffit de regarder un

1. John Dewey, *Democracy and Education* (1916), chap. X, « Interest and discipline », Macmillan.

enfant « discipliné » pour comprendre comment la capacité de sublimation émerge. Si l'enfant rechigne souvent dans un premier temps à se contraindre, très vite apparaît aussi une forme d'apaisement relative à la découverte de ses premières ébauches d'individuation, de ce sentiment de pouvoir construire une action et d'en ressentir une forme de liberté et de satisfaction. « L'attention de l'enfant est bien facile à prendre ; faites-lui un pont depuis ses jeux jusqu'à vos sciences », écrit Alain, ayant cerné, derrière la discipline, l'appétence pour l'attention et la découverte de la faculté d'apprendre. « L'enfant [...] n'aime pas ses joies d'enfant autant que vous croyez. Dans sa vie immédiate, oui, il est pleinement enfant, et content d'être enfant, mais pour vous, non pour lui. Par réflexion, il repousse aussitôt son état d'enfant ; il veut faire l'homme ; et en cela il est plus sérieux que vous ; moins enfant que vous, qui faites l'enfant. Car l'état d'homme est beau pour celui qui y va, avec toutes les forces de l'enfance. [...] J'aime mieux [...] dans l'enfant cette honte d'homme, quand il voit que c'est l'heure de l'étude et qu'on veut encore le faire rire. Je veux qu'il se sente bien ignorant, bien loin, bien au-dessous, bien petit garçon pour lui-même ; qu'il s'aide de l'ordre humain ; qu'il se forme au respect, car on est grand par le respect et non pas petit. Qu'il conçoive une grande ambition, une grande résolution, par une grande humilité. Qu'il se discipline et qu'il se fasse ; toujours en effort, toujours en ascension. Apprendre difficilement les choses faciles[1]. » La discipline est un *sérieux de l'enfant*, maintenu tout au long de la vie, un sérieux qui a la qualité de présence au monde de l'enfant, et son humilité naturelle, dans la mesure où il ne sait rien, où le vice d'un faux savoir n'a pas encore enrayé la faculté d'apprentissage. Plus tard, suivre cette discipline, ce sera se remettre dans les pas de l'enfant, de celui qui découvre avec son attention en éveil, retrouver en soi la faculté première de faire connaissance avec quelque chose que l'on ne connaît pas. On ne voit pas assez la discipline comme un lieu de rencontre ; pourtant elle l'est, elle sert à faire connaissance. C'est là la part d'invention de la discipline. Il ne s'agit pas d'obéir à ce qui est prescrit, il s'agit d'accueillir, de se concentrer, de rendre possible l'émergence de l'inconnu, et pour cela, il faut faire cesser le bruit.

S'ÉDUQUER À L'IRREMPLAÇABILITÉ

Par la suite, l'éducation, dans sa dimension totale, représente « le procès par lequel les groupes sociaux conservent leur existence de manière continue[2] ». Conserver son existence de manière continue, ce n'est pas s'insérer dans un ordre social préexistant, c'est participer de sa cohérence, l'améliorer, pour poursuivre une

1. Alain, *Propos sur l'éducation*, 1932.
2. John Dewey, *op. cit.*, p. 14.

continuité plus essentielle, celle de l'expérience de la responsabilité humaine, au sens d'un agir capable d'interroger sa finalité. L'individuation est d'ailleurs un exercice existentiel de continuité. « Voici le véritable problème à la base de l'éducation moderne. Nous devons décider si oui ou non l'école cultivera les habitudes mentales qui génèrent la moralité – telles que l'ouverture d'esprit, l'honnêteté intellectuelle et la responsabilité – ou si elle continuera à se concentrer sur la lecture et l'exhibition des résultats de ses élèves lors d'expositions scolaires. Si nous choisissons la première option, nous devons reconnaître que la connaissance n'est pas une fin en soi, mais un moyen visant à cultiver l'ouverture d'esprit, l'honnêteté intellectuelle et la responsabilité ; à savoir, un moyen en vue de la production de personnalités effectives. Voici le problème le plus profond et le plus important de l'éducation[1]. » La production de personnalités effectives, ou l'autre nom de l'irremplaçabilité, soit l'expérience d'un agir dont l'engagement est inaliénable et qui permet dès lors d'accéder à une subjectivité effective. Il n'y a pas d'expérience, au sens de Dewey, qui ne soit celle de la relation singulière avec le monde et les autres. Elle incarne la séquence qui ne vaut que par son vécu, la séquence qui implique l'intégralité de l'être, celle qui suppose son individuation pour se qualifier comme « expérience ».

1. John Dewey, « Moral Éducation – The Individual Aspect », *Lectures in China, 1919-1920*, Honolulu, HI, The University Press of Hawaii, 1973, p. 293.

Centrer l'éducation sur l'individuation n'est nullement la centrer sur l'individu. L'individuation est le processus critique d'avènement d'un sujet non préexistant en soi. En termes deweyiens, il faudrait parler de « développement de l'individualité » au sens où il s'agit de « devenir dans une certaine mesure différent de ce que nous étions »[1]. Cette différence, cette métamorphose étant la conséquence de l'expérimentation, soit « cette connexion étroite entre faire et souffrir ou endurer ». Et il faut entendre le terme de connexion au sens fort (la connexion fournit la substance de l'expérience) : « une action déconnectée et une souffrance déconnectée ne sont ni l'une ni l'autre des expériences[2]. » De même l'individuation est le produit d'un travail, d'un labeur qui s'est fait sens tout au long de la vie. Cette éducation à l'individuation, qui dure une vie entière, n'est le fruit d'aucune évidence. Il faudra du soin et de la discipline pour voir émerger un chemin vers elle. L'individuation fait irrémédiablement lien. Elle est circulation dans le temps historique, vers le passé qui nous structure, vers le futur qui nous inspire. D'ailleurs, ne plus être apte à « circuler » dans le temps, ne plus être capable – consciemment ou inconsciemment – de se remémorer son passé comme de se projeter dans son futur, est le signe patent d'une individuation en danger. La psychanalyse le sait bien, qui accompagne le

1. John Dewey, *Democracy and Education*, 1916, et *Philosophies of Freedom*, 1928.
2. John Dewey, *Reconstruction en philosophie*, 1920.

patient dans la verbalisation de cette circulation dans le temps. Par ailleurs, l'individuation se définit par l'inscription de l'individu dans un processus relationnel avec l'autre, elle le convoque sur l'autel de l'irremplaçabilité, que celle-ci s'expérimente avec l'autre, tant dans la sphère privée que dans la sphère publique. L'irremplaçabilité se définit comme une responsabilité construite avec l'autre et destinée à assumer le déploiement de la personnalité propre. C'est le contraire d'une toute-puissance, illusionnée par sa dimension orpheline. Ce n'est pas parce qu'il faut créer une relation singulière avec le monde qu'il ne préexiste pas à soi et qu'il ne s'étend pas au-delà de soi. Ce qui est irremplaçable, c'est précisément la spécificité de tel ou tel processus d'individuation, et non la venue pure et simple de l'individu.

La discipline est finalement une intelligence de la cohérence, celle d'un lieu avec un agir et un penser. Les enfants disciplinés ont saisi, sans nécessairement en avoir conscience de prime abord, l'écologie qui se cache derrière l'attention, autrement dit le *logos*, la parole de ce qui peut faire maison, de ce qui peut nous accueillir. À l'inverse, il y a les autres, les débordés, ceux qui ne saisissent aucunement le sens des frontières et la performativité des territoires, ceux selon lesquels être dehors ou dedans, à la maison ou à l'école, n'est ni différent, ni différenciant. Ils sont prisonniers de leur individu embryonnaire qui n'est nullement une authenticité mais une prison pulsionnelle. « Ces enfants, que font-ils de si insupportable ? C'est simple, ils dépassent les bornes : quand ils rient, c'est trop, c'est une grimace; quand ils pleurent, ils hurlent et sans fin; quand ils parlent, ils déversent un flot que rien n'endigue; quand ils jouent, ils finissent par casser le jeu ou le copain; et quand ils sont à table, ils ne mangent pas, au lit ils ne dorment pas, à l'école ils ne travaillent pas, devant la télé ils ne regardent pas..., bref, ils s'agitent[1]. » Diagnostiqués hyperactifs, ils deviennent dès lors « malades », une manière médicalisée de les sortir du souci éducationnel et de la culpabilité des enseignants. Incapables de saisir la spécificité des espaces, le voyage dans le temps que leur propose l'école leur est encore plus inatteignable. Certes, chronologiquement, la famille est le premier lieu où cette science de l'espace est instruite : l'enfant apprend à se tenir, à comprendre que la chambre n'est pas le salon, que le dedans n'est pas le dehors, que l'espace est pluriel alors qu'il paraît unique. Puis la science de l'espace se poursuit avec l'enseignement de l'école, qui présente également une science du temps. C'est la découverte de plus de liberté encore, se mouvoir ailleurs, dans l'espace et dans le temps. Le temps, à l'inverse de l'espace, permet d'ailleurs de se jouer des frontières, de découvrir à l'occasion d'un endroit spécifique le chemin vers un ailleurs. C'est l'expérience proustienne d'un trébuchement sur un pavé de l'hôtel de Guermantes le propulsant à mille lieues sur la place Saint-Marc de Venise.

1. Françoise Parot, « Mais pourquoi ces enfants ne tiennent-ils plus en place ? », *Le Débat*, 5/2004, n° 132, pp. 122-135.

Tel est le sens de l'apprentissage du temps, saisir sa transversalité. Ce trébuchement sur les pavés, on l'apprend souvent à l'école, notamment grâce à la littérature. « C'est quelquefois au moment où tout nous semble perdu que l'avertissement arrive qui peut nous sauver : on a frappé à toutes les portes qui ne donnent sur rien, et la seule par où on peut entrer et qu'on aurait cherchée en vain pendant cent ans, on y heurte sans le savoir et elle s'ouvre. En roulant les tristes pensées que je disais il y a un instant j'étais entré dans la cour de l'hôtel de Guermantes, et dans ma distraction je n'avais pas vu une voiture qui s'avançait; au cri du wattman je n'eus que le temps de me ranger vivement de côté, et je reculai assez pour buter malgré moi contre des pavés assez mal équarris derrière lesquels était une remise. Mais au moment où, me remettant d'aplomb, je posai mon pied sur un pavé qui était un peu moins élevé que le précédent, tout mon découragement s'évanouit [...]. Chaque fois que je refaisais, rien que matériellement, ce même pas, il me restait inutile; mais si je réussissais, oubliant la matinée Guermantes, à retrouver ce que j'avais senti en posant ainsi mes pieds, de nouveau la vision éblouissante et indistincte me frôlait comme si elle m'avait dit : "Saisis-moi au passage si tu en as la force et tâche à résoudre l'énigme du bonheur que je te propose." Et presque tout de suite, je le reconnus, c'était Venise, dont mes efforts pour la décrire et les prétendus instantanés pris par ma mémoire ne m'avaient jamais rien dit et que la sensation que j'avais ressentie jadis sur deux dalles inégales du baptistère de Saint-Marc m'avait rendue avec toutes les autres sensations jointes ce jour-là à cette sensation-là, et qui étaient restées dans l'attente, à leur rang, d'où un brusque hasard les avait impérieusement fait sortir, dans la série des jours oubliés[1]. » Avant de découvrir les passages secrets du temps, il faudra beaucoup de discipline. La vie proustienne d'écriture en témoigne : tout mondain qu'est Proust, il cultive une attention extrême aux êtres et aux choses, pour accueillir et restituer tous les vécus irremplaçables qu'ils contiennent. Cette attention extrême permet de saisir la fébrilité de l'instant, s'échappant par définition. Or le seul viatique pour l'éternité, pour *un peu de temps à l'état pur*, reste l'instant. Et celui-ci requiert un engagement total de l'individuation. Chaque enseignant fait sans doute une expérience proustienne, sans nécessairement en prendre conscience : qu'est-ce que le temps de l'enseignement si ce n'est ce temps qui s'étire, qui devient espace, qui devient immense alors que quantitativement il n'équivaut qu'à quelques heures ? C'est là le travail de l'enseignant : ouvrir le temps, transformer cette simple heure en rencontre sensorielle, existentielle, informationnelle. Faire qu'en une heure, soudain, il s'est joué quelque chose d'autre, un début d'avènement mature, une envie de destin, un désir de soi, pas nécessairement en termes de vocation, mais en termes de rencontre. C'est cela

1. Marcel Proust, *À la recherche du temps perdu*, *Le Temps retrouvé* (1927), Gallimard, « Folio classique », p. 458.

enseigner : étirer le temps pour que surgissent les prémices de l'individuation.

Or, qu'est-ce que la connaissance si ce n'est un voyage dans le temps ? Connaître, c'est d'abord faire connaissance avec ce qui nous précède, existe hors de soi certes, mais surtout avant soi. « Apprendre à lire, ce n'est pas seulement entrer en familiarité avec l'univers utile des signes écrits, c'est se trouver happé par un monde qui existe tout armé avant vous et dont chaque recoin engage la cohérence globale ; c'est se confronter à un ordre contraignant au travers duquel il y va des repères ultimes de la rencontre avec les autres et de l'insertion, dès le plus humble niveau, dans le registre de cette mise en forme successive de l'expérience humaine par le travail sur l'expression qu'il faut bien nommer *culture* [...]. Apprendre l'histoire [...], c'est accéder à un système de repères constitutifs de l'identité qui n'a de sens, d'entrée, que par sa transcendance radicale au regard de l'inscription individuelle et qui n'a d'intérêt que par sa puissance perçue à commander d'avant et d'ailleurs votre destin[1]. » Et si l'individuation est si difficile, c'est aussi précisément parce qu'elle fait l'épreuve de ces cohérences inaugurales, qui ne se soucient nullement d'elle, qui existaient précédemment, sans elle, et dans le sentiment tranquille de leur propre totalité. Elle fait l'expérience de ce monde qui n'attend rien d'elle, et dont le déploiement ne s'intéresse pas

1. Marcel Gauchet, *La Démocratie contre elle-même*, Gallimard, « Tel », 2002, p. 148.

nécessairement à sa participation personnelle. Dès lors, pour que l'individu entame son individuation, il faut trouver le moyen de faire lien avec ce qui lui est encore étranger. Il faut trouver le chemin de sa propre cohérence, à savoir celle qui trouve sa continuité avec la cohérence préexistante, que cette continuité relève de la rupture ou non. Sans individuation, l'individu reste étranger au monde qui l'environne. Les conséquences du sentiment de ce non-accueil sont profondément néfastes dans la mesure où elles consolident chez l'homme sa dimension inhumaine. L'éducation a pour première mission de ne pas faire de l'homme l'étranger de son propre monde. Mission impossible ? Mais « l'humanité n'avance qu'en se vouant aux problèmes qu'elle est incapable de résoudre[1] ». Chemin vers l'individuation, la discipline n'est nullement antinomique de l'inventivité. Pour accéder à sa propre plasticité, l'individu doit saisir la cohérence des multiples espaces-temps et parvenir ainsi à des variétés d'attention, elles-mêmes viatiques vers des expériences cognitives et éthiques.

LE NOUVEL ÂGE DE L'INDIVIDUATION

Individuation, le terme est chez Durkheim, il désigne ce processus sociologique « qui ne commence nulle part, mais qui se développe sans

1. *Ibid.*, p. 169.

s'arrêter, tout le long de l'histoire. [...] Ce que l'enfant continue, ce n'est pas la vieillesse ou l'âge mûr de ses parents, mais leur propre enfance[1] ». Individuation, individualisme, les deux notions se superposent chez Durkheim, leur distinction n'est pas aisée. Par ailleurs, la thèse du développement de l'individualisme reste toujours valide, que la situation dans laquelle il prospère renvoie à une société despotique ou plus démocratique. L'individualisme est une passion biface, tout autant égalitariste qu'inégalitariste. « Si, d'ailleurs, l'individualisme était à ce point congénital à l'humanité, on ne voit pas comment les peuplades primitives auraient pu si facilement s'assujettir à l'autorité despotique d'un chef, partout où cela a été nécessaire. Les idées, les mœurs, les institutions mêmes auraient dû s'opposer à une transformation aussi radicale. Au contraire, tout s'explique une fois qu'on s'est bien rendu compte de la nature de ces sociétés ; car alors ce changement n'est plus aussi profond qu'il en a l'air. Les individus, au lieu de se subordonner au groupe, se sont subordonnés à celui qui le représentait, et comme l'autorité collective, quand elle était diffuse, était absolue, celle du chef, qui n'est qu'une organisation de la précédente, prit naturellement le même caractère. Bien loin qu'on puisse faire dater de l'institution d'un pouvoir despotique l'effacement de l'individu, il faut au contraire y voir le premier pas qui ait été fait dans la voie de

1. Émile Durkheim, *De la division du travail social*, 1893. Les citations suivantes sont extraites du même ouvrage.

l'individualisme. Les chefs sont, en effet, les premières personnalités individuelles qui se soient dégagées de la masse sociale. Leur situation exceptionnelle, les mettant hors de pair, leur crée une physionomie distincte et leur confère par suite une individualité. Dominant la société, ils ne sont plus astreints à en suivre tous les mouvements. Sans doute, c'est du groupe qu'ils tirent leur force; mais une fois que celle-ci est organisée, elle devient autonome et les rend capables d'une activité personnelle. Une source d'initiative se trouve donc ouverte, qui n'existait pas jusque-là. » Le chef est donc une sorte de super-individu qui prospère d'autant plus qu'il correspond à l'idéal du moi de tout individu. Le nouvel âge de l'individuation, ce sera sans doute de s'extraire de cette ambiguïté première, de cette passion pour le chef comme pour l'idée du chef. Autre paradoxe levé par Durkheim, celui qui combine le développement inéluctable de l'individuation et l'interdépendance sociale : « Comment se fait-il que tout en devenant plus autonome, l'individu dépende plus étroitement de la société ? Comment peut-il être à la fois plus personnel et plus solidaire ? » On connaît la réponse de Durkheim : la division du travail permet cette dialectique. C'est là d'ailleurs son immense valeur, celle de combiner ce qui ne devrait pas l'être : et plus d'individus, et plus de solidarité sociale : « Le plus remarquable effet de la division du travail n'est pas qu'elle augmente le rendement des fonctions divisées, mais qu'elle les rend solidaires. Son rôle dans tous ces cas n'est pas simplement d'embellir ou d'améliorer des sociétés existantes, mais de rendre possibles des sociétés qui, sans elles, n'existeraient pas. [...] Des individus sont liés les uns aux autres qui, sans cela, seraient indépendants ; au lieu de se développer séparément, ils concertent leurs efforts ; ils sont solidaires et d'une solidarité qui n'agit pas seulement dans les courts instants où les services s'échangent, mais qui s'étend bien au-delà. » Le raisonnement durkheimien semble pertinent si la division du travail renvoie à une signification dont les individus détiennent la finalité. Mais qu'en est-il de la « solidarité » des travailleurs, lorsqu'ils sont étrangers à l'objet final produit par leur travail ? Manifestent-ils réellement plus de solidarité ? Ou, à l'inverse, se concentrent-ils sur leur seul « territoire » de travail, sans se soucier de celui des autres, voire en stigmatisant celui des autres s'ils le considèrent comme improductif ? Autrement dit, pour obtenir une division sociale du travail qui soit solidaire, les travailleurs doivent posséder le *telos* de leur travail et y adhérer. Dès lors, ils pourront manifester de la solidarité dans le but d'obtenir la réalisation la plus optimale de ce travail. Ce n'est donc pas la division sociale du travail qui provoque la solidarité organique des sociétés, c'est la propriété de l'*eidos* ou de la finalité du travail par les travailleurs qui préserve leur sentiment de solidarité mutuelle. Sinon, la division du travail provoque du désengagement ou de la compétition mortifère, mais nullement le sentiment social d'interdépendance. Certes, Durkheim ne s'intéresse pas à la division technique du travail. Il vise bel et bien une division du travail inséparable de sa finalité. La solidarité organique, à la différence de la solidarité mécanique, est le fruit de l'individuation, c'est-à-dire de l'interdépendance des singularités individuelles. Pour autant, nous sommes au début du XXe siècle et les déboires de la division du travail, couplée au développement effréné de l'individualisme – et non de l'individuation – n'ont pas encore montré toute leur capacité subversive de la solidarité sociale. Aujourd'hui, parler d'individualisme contemporain, c'est faire la lumière sur le hiatus provoqué par ce dernier, notamment vis-à-vis de la solidarité sociale. L'individualisme contemporain est une individuation pervertie au sens où l'individu est persuadé que la recherche de son autonomisation peut se passer de la production qualitative de liens sociaux, ou plutôt qu'il est possible de l'instrumenter pour son seul profit.

L'individualisme dresse le portrait d'un individu qui voit sa vocation purement utilitariste se retourner contre lui et provoquer chez lui un sentiment de vide et de désolation. Son utilitarisme est à double entrée : un utilitarisme à l'égard de lui-même, dans lequel il considère son individuation comme un capital dont il faut tirer profit. Les chemins sont multiples, et le spectre psychotique ordinaire en témoigne : un individu peut, sous couvert d'individuation, s'inspirer de Rhinehart, et tenter de multiplier ses vécus identitaires, de manière à vivre mille vies, se donnant l'illusion de se réinventer sans cesse alors qu'il fait l'objet de simples réifications. Gauchet rappelle que les pathologies narcissiques sont prioritairement des pathologies du vide intérieur. « Il s'agit [...] d'un vide actif qui naît d'une certaine expérience du temps comme expérience de détotalisation. À force de vouloir qu'il n'y ait pas de rapport entre ce que j'étais hier, ce que je suis aujourd'hui et ce que je pourrai être demain, il finit par naître une incertitude radicale sur la continuité et la consistance de soi. [...] Simplement, l'opération comporte un risque, aggravé par les situations où le changement n'est pas voulu et maîtrisé, mais brutalement imposé de l'extérieur. [...] Le sentiment de n'être plus rien ni de nulle part, le vertige devant son propre vide sont le prix à payer pour une certaine manière d'exercer la propriété de soi[1]. » Certes, le sentiment de vertige est l'inextinguible d'une liberté moderne. À la différence de Durkheim, qui ne rendait nullement l'individualisme et le despotisme antinomiques, dans la mesure où le second représentait le rêve non avoué du premier, Gauchet considère que l'expérience du vide provoqué par l'individuation de la liberté protège le sujet d'une *passion de l'adhésion*[2], typique des sociétés massives. En revanche, l'individu semble bien moins alerte vis-à-vis de l'instrumentation opérée par le travestissement des principes démocratiques. Il perçoit mal derrière la passion pour la compétition et la performance celle-là même de l'adhésion au monde

1. Marcel Gauchet, *La Démocratie contre elle-même*, *op. cit.*, pp. 256-257.
2. *Ibid.*, p. 259.

en place. Par ailleurs, il existe un risque pour le sujet d'un sentiment de vide l'emportant trop sur celui de plénitude. Si celle-ci n'est nullement assimilable au bonheur total, elle n'en demeure pas moins une estime de soi qui confère au sujet une forme de stabilité psychique. Force est de reconnaître que la plupart des individus contemporains ne font plus l'expérience de cet équilibre savant qui donne un léger avantage au sentiment de liberté par rapport au vertige qu'il peut susciter. Sans oublier le fait qu'il n'y a pas de processus d'individuation sans expérience du temps spécifique, sans découverte d'un temps pour soi à l'intérieur même d'une temporalité qui ne semblait qu'anonyme. Ce « consentement à l'irréversible[1] » forme la quintessence de l'individuation, une manière propre de voyager à l'intérieur du temps : « pour surmonter la misère de l'irréversible, il faudrait vivre le passé comme un présent et un possible, ou bien, à la manière des poètes, revivre le présent et le futur comme un passé[2] ». Non pas nier le temps, mais le faire circuler. Non pas reconnaître la supra-valeur du passé, mais savoir s'en nourrir comme d'un élément présent, sentir qu'il est toujours en soi – par l'individuation – alors qu'il n'est plus extérieurement.

La deuxième voie de l'utilitarisme est celle, plus traditionnelle, de l'usage pervers d'autrui, où l'individu se complaît à considérer l'autre comme

1. Vladimir Jankélévitch, *L'Irréversible et la Nostalgie*, *op. cit.*, p. 222.
2. *Ibid.*, pp. 223-224.

le simple moyen de son profit et de sa jouissance, avec un sens de l'intérêt jamais à court de prestation : « L'intérêt parle toutes sortes de langues, et joue toutes sortes de personnages, et même celui de désintéressé[1]. » Sachant que la perversion n'est nullement l'apanage des dominants : « Nous nous persuadons souvent mal à propos d'aimer les gens plus puissants que nous ; l'intérêt seul produit notre amitié, et nous ne nous donnons pas à eux pour le bien que nous leur voulons faire, mais pour celui que nous en voulons recevoir[2]. »

À l'inverse, le nouvel âge de l'individuation traduit une sorte d'inédit, qui bien qu'anticipé par Durkheim, n'a pas encore réellement donné ses fruits. La société des individus est à son comble occidental. Mais, précisément parce qu'elle a fait l'objet d'un travestissement de ses idéaux démocratiques, elle n'a jamais été aussi consciente de la différence déterminante entre individualisme et individuation. Dès lors, son souci d'individuation refait lien, avec le paradoxe défini par Durkheim, à savoir l'interdépendance des individus. Nous sommes, en effet, à un point inédit de l'Histoire où la société des individus refait lien avec la notion collective, où elle comprend comment une qualité d'individuation nécessite un apport collectif, et où, pour la première fois également, le collectif, voire l'État de droit, comprend la valeur de l'individuation et son rôle protecteur envers sa

1. La Rochefoucauld, *Réflexions ou Sentences…*, *op. cit.*, n° XLIII.

2. *Ibid.*, n° XCVIII.

propre durabilité. Jusqu'à présent, à chaque fois que l'individualisme était énoncé, c'était pour dénoncer son caractère atomisant, son égoïsme délétère et, finalement, le danger qu'il représente pour la société démocratique, en devenant l'adversaire premier du citoyen. Le succès de l'État de droit devient dès lors son propre piège : être à juste titre une société des individus, mais qui hélas provoque un sentiment de déperdition, du fait d'un individualisme ne répondant pas aux critères de l'individuation. Ce mouvement d'un individualisme empêchant l'individuation, soit la juste articulation avec les autres, est l'essence même du XXe siècle. Ce fut son illusion, l'inverse d'un mouvement de maturation. Une forme d'ivresse de soi. Avant le vide ressenti, une passion pour le « moi » découvrant ses atours. Aussitôt après nous, déplore Péguy, « commence un autre âge, un tout autre monde, le monde de ceux qui ne croient plus à rien, qui s'en font gloire et orgueil. Aussitôt après nous commence le monde que nous avons nommé, que nous ne cesserons pas de nommer le monde moderne. Le monde qui fait le malin. Le monde des intelligents, des avancés, de ceux qui savent, de ceux à qui on n'en remontre pas [...]. Le monde de ceux à qui on n'a plus rien à apprendre[1] ». Un monde qui n'a ni mystique (le sens de Dieu), ni république (le sens des autres). Un monde où l'individualisme se vit comme le seul génie des lieux, convaincu d'être l'alpha et l'oméga de sa vie. Vérité vieille comme

1. Charles Péguy, *Notre Jeunesse*, 1910.

le temps mais qui a trouvé dans la modernité son lieu d'expansion. La Rochefoucauld l'avait déjà cerné, « l'amour-propre est le plus grand de tous les flatteurs. Quelque découverte que l'on ait faite dans le pays de l'amour-propre, il y reste encore bien des terres inconnues ». Il ne savait pas que ces terres inconnues se prénommeraient un jour *la modernité* et qu'elles auraient à cœur d'organiser des rapports sociaux « rationnels ». Ou comment habiller par la raison l'intérêt pour sa personne. « L'amour-propre nous augmente ou nous diminue les bonnes qualités de nos amis à proportion de la satisfaction que nous avons d'eux ; et nous jugeons de leur mérite par la manière dont ils vivent avec nous[1] ». La modernité est le monde de l'individualisme qui fait le malin quand l'individuation demeure fébrile. Cet individualisme à qui l'on n'en conte pas, qui sait qu'il ne peut rien espérer d'autrui mais qui se met en quête d'une reconnaissance sociale des plus aliénantes, parce que précisément inséparable de l'irrespect qu'elle porte aux autres. Voilà les malins si peu malins, qui pensent qu'il est possible d'articuler le non-respect d'autrui avec le maintien du respect pour eux-mêmes. En somme, les malins sont victimes d'une infatuation du moi. Des décennies plus tard, cette boursouflure est devenue une excroissance invalidante, rendant le moi plus obèse qu'il ne peut le supporter, et partant plus vulnérable encore.

1. La Rochefoucauld, *Réflexions ou Sentences...*, *op. cit.*, n° LXXVIII.

LE RUBAN DE MOEBIUS

Les affres de l'individualisme sont bien connues. Sans doute, avons-nous oublié qu'il n'est pas assimilable à l'individuation, mais qu'il n'en est que la version abâtardie. Sans doute, avons-nous également oublié la part majeure que cette individuation apporte à la préservation de l'État de droit. Il est désormais nécessaire de rappeler le ruban de Moebius qui existe entre la démocratie et l'individuation. Sans la seconde, il n'y a pas d'État de droit mais simplement son simulacre et la tentation toujours plus affermie de mettre en place un système populiste ou plus autoritaire encore. Si plurivoque soit le terme de populisme tant il recouvre une variété de situations, il contient néanmoins quelques invariants : le populisme est une critique des élites, la revendication de détenir le vrai sens du peuple. Le populisme saurait lui ce qu'est le peuple, les vraies gens, les petites gens, l'homme commun, le lésé depuis toujours, l'individu dans son plus simple appareil. Le populisme croit en son discours infaillible sur le peuple. En ce sens, il contredit la vocation faillible de la démocratie, au sens d'État de droit. Dès lors, la critique des élites n'est que l'avant-poste de la critique des intellectuels, voire du *logos* lui-même, tant la culture ne peut être selon lui que dominante et l'adjudant du pouvoir. De fait, s'il est difficile à déconstruire, c'est aussi parce qu'il s'appuie sur des vraies craintes de tout bon démocrate, quant à la servitude et à l'injustice qu'il subit parfois. Mais les régimes populistes sont tout aussi inféodés au pouvoir que leurs aînés. L'individu, dans sa pleine individuation, avec la dimension transgressive que cela suppose, n'est pas visé. Mais de fait, en s'y refusant, il met en place un processus normalisé d'individuation, tout aussi restreint que celui proposé par le pouvoir. L'individuation demeure pour le populisme un concept bien trop abstrait. Or, la démocratie pour préserver sa qualité a besoin de l'engagement qualitatif de l'individu. Elle est le fruit des singularités préservées. Un processus d'individuation mis à mal et c'est là un sûr test d'affaiblissement de l'État de droit dans la mesure où ce dernier est par essence le maintien des conditions de possibilité de l'individuation. Ainsi préserver l'individuation – et non l'individualisme –, c'est nécessairement préserver l'État de droit et lui offrir les moyens de lutter contre sa propre entropie. Car il est de fait que l'individualisme résulte également de la démocratie. Seulement, à la différence de l'individuation, il enclenche sa décadence et fait naître à l'intérieur de la démocratie des forces antidémocratiques, d'autant plus difficiles à déjouer qu'elles sont parées de la légitimité démocratique. Or, si toute démocratie est populiste, tout populisme n'est pas démocratique. Le populisme prospère sur les ruines de l'individuation, sauf qu'il ne s'agit nullement d'entreprendre la restauration de l'État de droit et des modes d'individuation. Il s'agit d'en appeler à un pouvoir autoritaire qui ne dit pas son nom, à des formes de normalisation tout aussi aliénantes. Si la démocratie est par essence populiste, c'est qu'elle veille toujours à dénoncer non pas la *secessio plebis*[1], mais la sécession des élites devant laquelle le peuple doit précisément se rebeller. « Naguère, c'était la révolte des masses qui était considérée comme la menace contre l'ordre social et la tradition civilisatrice de la culture occidentale. De nos jours, cependant, la menace principale semble provenir de ceux qui sont au sommet de la hiérarchie sociale et non pas des masses[2]. » Autrement dit, les élites qui auraient dû consacrer l'avènement de l'individuation ont, à l'inverse, promu son antithèse, et participé à son dévoiement. Elles ont entériné l'inversion même de son sens, et proposé au plus grand nombre un imaginaire dévastateur où l'individualisme prenait littéralement la main sur l'individuation. Il fallait résister, répondront certains. Certes. Mais lorsque ces élites correspondent aux figures classiques de l'autorité, rien n'est simple car l'individuation, pour se parachever, nécessite de s'articuler avec elles. Le sujet est bel et bien trompé. Car, s'il respecte la notion d'élite, c'est au sens où celle-ci a fait preuve d'une individuation qualitative, et où elle sera donc capable de participer à l'individuation d'autrui, voire considérera comme de son devoir de le faire. Du moins, était-ce le rêve initial non pollué par le mensonge du pouvoir. Depuis, et la notion de circulation du pouvoir

1. Littéralement la sécession de la plèbe.

2. Christopher Lasch, *La Révolte des élites et la Trahison de la démocratie* (1995), Flammarion, « Champs », rééd. 2007, p. 37.

aide à comprendre le phénomène d'une adhésion de type nouveau de la part du peuple, ce dernier a varié les motivations de son admiration pour les élites, les réduisant essentiellement à l'une d'entre elles, l'argent qu'elles possèdent et le pouvoir afférent. Dès lors, il n'est pas sûr, loin de là, que le peuple admire chez celles-ci la qualité de leur processus d'individuation. Petit à petit, l'idéal du moi s'est défiguré. Si l'individualisme a tant prospéré, c'est qu'il a été, certes, porté par les élites, mais qu'il a été l'objet d'un trafic fantasmatique entre les élites et le peuple. Plus le fossé des inégalités sociales se creusait entre elles et lui, plus l'idéal d'individualisme masquait la supercherie et invitait ledit peuple lésé dans son individuation à ne désirer que l'individualisme, croyant par là même satisfaire son besoin d'individuation. L'opération de passe-passe fut ainsi idéologique, et la falsification a perduré sans nécessiter un usage de la force plus contraignant. Des idéologies de droite ou de gauche, ignorant toutes deux le sens et le rôle de l'individuation dans la préservation de l'État de droit.

S'il faut saisir la nouveauté de la notion de «*commons*», c'est parce qu'elle suppose, pour se développer, cet inédit de l'individuation – au sens où elle produit la subjectivation la moins asservie de l'homme – et de la collectivité – en tant que déploiement de la solidarité sociale. Faut-il voir dans les «*commons*» une organisation susceptible de résoudre le paradoxe durkheimien ? Comprendre les «*commons*» comme l'avatar du communisme est une erreur. La notion de

« *commons* » est une déconstruction de celles de pouvoir, de propriété et de dette. Non qu'elle remette en cause l'idée de propriété. Le système des « *commons* » permet le maintien d'une propriété privée. En revanche, il rend caduque la possibilité de tout transformer en propriété. Il y a de l'inappropriable de la même manière qu'il y a de l'inaliénable. Si le sujet est inaliénable, une grande partie des services écosystémiques (ces services de la nature rendus à l'homme, fondamentaux et récréatifs) qui permettent au sujet de poursuivre son individuation – et pas seulement sa survie – sont inappropriables, précisément parce qu'ils sont irremplaçables pour le maintien de l'humanité même de l'homme. En ce sens, l'humanité de l'homme n'est pas qu'une affaire éthique, ou plutôt si elle est une affaire éthique, c'est parce qu'elle prend aussi la mesure de toute sa dépendance par rapport à la nature et aux services qu'elle peut lui rendre. Les « *commons* » renvoient à la notion d'enclosures, soit ce processus pluriséculaire d'accaparement des terres utilisées collectivement (communaux) et de suppression des droits coutumiers dans les campagnes anglaises du fait de la mise en clôture (*enclosure*) des champs et des prés. L'esprit général du mouvement est bien résumé par cette formule des acteurs de la « guerre de l'eau » de Cochabamba : « Nous avons été les sujets d'un grand vol alors que nous ne sommes propriétaires de rien[1]. »

1. Pierre Dardot, Christian Laval, *Commun. Essai sur la révolution au XXI*e *siècle*, La Découverte, 2014, p. 17.

Dans *Le Capital*, Marx pose la fin des communaux en Europe comme un acte essentiel de l'expropriation de la population campagnarde. La fin du commun participe directement de la séparation radicale du producteur d'avec les moyens de production que le capitalisme opère. « En guerre ouverte avec la royauté et le Parlement, les grands seigneurs créèrent un prolétariat bien autrement considérable en usurpant les biens communaux des paysans et en les chassant du sol, qu'ils possédaient au même titre féodal que leurs maîtres. » Et Marx de commenter le scandale des enclosures ainsi : « La forme parlementaire du vol commis sur les communes est celle de lois sur la clôture des terres communales. Ce sont en réalité des décrets au moyen desquels les propriétaires fonciers se font eux-mêmes cadeau des biens communaux, des décrets d'expropriation du peuple. Dans un plaidoyer d'avocat retors, sir F. M. Eden cherche à présenter la propriété communale comme propriété privée, bien qu'indivise encore, les landlords modernes ayant pris la place de leurs prédécesseurs, les seigneurs féodaux, mais il se réfute lui-même en demandant que le Parlement vote un statut général sanctionnant une fois pour toutes l'enclosure des communaux. Et, non content d'avoir ainsi avoué qu'il faudrait un coup d'État parlementaire pour légaliser le transfert des biens communaux aux landlords, il consomme sa déroute en insistant, par acquit de conscience, sur l'indemnité due aux pauvres cultivateurs. S'il n'y avait pas d'expropriés, il n'y avait évidemment personne à indemniser[1]. » Telles sont, en effet, les dérives de la notion de propriété capitalistique, empêcher l'inappropriable, précisément parce qu'il est l'unique garantie pour le peuple de la non-spoliation des ressources naturelles. La propriété, dérégulée, devient tout aussi totalitaire que le communisme (au sens historique du terme, et non hypothétique). Pour la propriété capitalistique, il n'y a que de l'inapproprié, en attente de devenir propriété. Rien n'est hors de sa toute-puissance. Le communisme d'État renvoie à un même dysfonctionnement de captation de l'inappropriable. Dès lors, le maintien même de l'idée de l'inappropriable et de sa possible réalisation est la preuve de l'existence effective de l'État de droit. Les théoriciens libéraux de la propriété n'en pensaient pas moins. Locke a toujours formulé, à côté de la théorie de la propriété, la conditionnalité de cette dernière. La « clause de Locke » témoigne ainsi du souci de ce dernier de maintenir la légitimité de la propriété en la distinguant formellement de la spoliation. L'inappropriable étant cette condition. Par ailleurs, Locke a fondé l'idée de propriété dans l'optique de se prémunir contre la toute-puissance étatique. Tout transformer en propriété n'était nullement le but. L'enjeu était de poser des limites à la puissance étatique. En cela, la propriété est un droit fondamental de l'homme et nécessaire à son individuation, qui est une forme d'inaliénable de la propriété de l'homme – au sens

1. Karl Marx, *Le Capital*, 1867, chap. XXVII.

de « ce qui est lui est absolument propre ». Selon Locke, « Dieu nous a donné toutes choses abondamment. C'est la voix de la raison, confirmée par celle de l'inspiration. Mais à quelle fin ces choses nous ont-elles été données de la sorte par le Seigneur ? Afin que nous en jouissions. La raison nous dit que la propriété des biens acquis par le travail doit donc être réglée selon le bon usage qu'on en fait pour l'avantage et les commodités de la vie. Si l'on passe les bornes de la modération, et que l'on prenne plus de choses qu'on n'en a besoin, on prend, sans doute, ce qui appartient aux autres. [...] En s'appropriant un certain coin de terre, par son travail et par son adresse, on ne fait tort à personne, puisqu'il en reste toujours assez et d'aussi bonne, et même plus qu'il n'en faut à un homme qui ne se trouve pas pourvu. Un homme a beau en prendre pour son usage et sa subsistance, il n'en reste pas moins pour tous les autres : et quand d'une chose on en laisse beaucoup plus que n'en ont besoin les autres, il leur doit être fort indifférent, qu'on s'en soit pourvu, ou qu'on ne l'ait pas fait. Qui, je vous prie, s'imaginera qu'un autre lui fait tort en buvant, même à grands traits, de l'eau d'une grande et belle rivière, qui, subsistant toujours tout entière, contient et présente infiniment plus d'eau qu'il ne lui en faut pour étancher sa soif ? Or, le cas est ici le même ; et ce qui est vrai à l'égard de l'eau d'un fleuve, l'est aussi à l'égard de la terre ». Il poursuit : « Dira-t-on que c'est un vol, de prendre pour soi, et de s'attribuer uniquement, ce qui appartient à tous en commun ? Si un tel consentement était nécessaire, la personne dont il s'agit, aurait pu mourir de faim, nonobstant l'abondance au milieu de laquelle Dieu l'a mise. Nous voyons que dans les communautés qui ont été formées par accord et par traité, ce qui est laissé en commun serait entièrement inutile, si on ne pouvait en prendre et s'en approprier quelque partie et par quelque voie. Il est certain qu'en ces circonstances on n'a point besoin du consentement de tous les membres de la société. Ainsi, l'herbe que mon cheval mange, les mottes de terre que mon valet a arrachées, et les creux que j'ai faits dans des lieux auxquels j'ai un droit commun avec d'autres, deviennent mon bien et mon héritage propre, sans le consentement de qui que ce soit[1]. » Ainsi, la propriété est limitée dans la mesure où elle ne peut nuire aux besoins fondamentaux d'autrui. Sitôt qu'elle passe les bornes de la modération, elle s'invalide. Une des conditions de l'utilisation des ressources naturelles est de laisser autant que l'on a pris. L'accaparement des terres et des ressources au détriment de l'autoconservation d'autrui et de la possibilité de développer un travail propre lui assurant une forme de propriété individuelle n'est pas légitime. La clause de Locke rappelle ainsi que le droit de propriété s'articule avec la notion d'individuation pour rester légitime et non avec celle du pouvoir.

1. John Locke, *Traité du gouvernement civil* (1690), Vrin, 1985, chap. V. Voir également Fabrice Flipo, « La *clause de Locke* au service de "l'égaliberté" », *Mouvements*, 64, 2010, pp. 79-86.

Les «*commons*» consacrent le travail des hommes. Ils ne sont pas des friches laissées pour compte. Ils témoignent de l'inventivité des individus et des modes de gouvernance participative. Pour autant, ce travail ne confère nul droit d'expropriation. Il vient en revanche consolider l'inaliénable de chacun. Les «*commons*» garantissent à tous l'usage des ressources, et la conditionnalité de cet usage n'est nullement la propriété, mais le respect de règles communes qui peuvent se modifier selon les acteurs qui les conçoivent et le contexte territorial. S'ils existent depuis toujours, les «*commons*» n'ont pas toujours suscité de l'intérêt chez les individus eux-mêmes. Ostrom citant Aristote le rappelle : «En effet, on prend fort peu de soin de ce qui est commun à un très grand nombre de gens : les individus en effet s'occupent principalement de ce qui leur est propre et moins de ce qui est commun, ou seulement dans la mesure où chacun est concerné[1].» L'histoire politique et économique a, c'est vrai, dévalué le «commun», sans doute parce qu'il n'était pas un enjeu de pouvoir. La stratégie a été de le rendre appropriable, afin de s'y intéresser de nouveau. Et quand cela n'a pas été possible, des formes de pillage ont été quasi instituées pour rendre caduque l'idée même d'un commun inappropriable. La privatisation reste le meilleur moyen de protéger

1. Elinor Ostrom, *Gouvernance des biens communs, pour une nouvelle approche des ressources naturelles* (1990), Éditions de Boeck pour la traduction, 2010; Aristote, *Les Politiques*, Livre II, chap. III.

une propriété. En revanche, elle est incapable de préserver l'inappropriable et de respecter le caractère inaliénable des ressources naturelles pour la protection de l'humanité de l'homme. Au passage, il importe de comprendre – et c'est là la part que l'individuation partage avec la nature – que l'humanité n'est pas assimilable à l'homme. L'humanité est ce qui résulte de la réconciliation de l'homme avec la nature. Sans celle-ci, l'homme est condamné à sa survie et à son mode « politique » afférent, la barbarie. L'exploitation qui s'abat sur l'environnement est toujours le signe d'une exploitation plus sociétale. C'est par un même mouvement de dépossession que la domination opère. « Avec la prépondérance toujours croissante de la population urbaine qu'elle entasse dans les grands centres, la production capitaliste, écrit Marx, amasse d'un côté la force motrice historique de la société et perturbe d'un autre côté le métabolisme entre l'homme et la terre, c'est-à-dire le retour au sol des composantes de celui-ci usées par l'homme sous forme de nourriture et de vêtement, donc l'éternelle condition d'une fertilité durable du sol. [...] Et tout progrès de l'agriculture est donc non seulement un progrès dans l'art de piller le travailleur, mais aussi dans l'art de piller le sol[1]. » Le concept de métabolisme socio-écologique montre comment la production capitaliste ruine, d'un même mouvement, les sources vives de toute richesse : la terre et le travailleur.

1. Karl Marx, *Le Capital*, *op. cit*.

Deuxième acte de la déconstruction du pouvoir, après celle de la notion de propriété, celle de la dette. « Si tu dois 100 000 dollars à la banque, elle te tient. Si tu lui en dois 100 millions, tu la tiens », écrit Graeber[1] en exergue à son opus pour décrire le fonctionnement de la dette, et surtout l'accaparement de sa définition par le pouvoir. « Le fait même que nous ne sachions pas ce qu'est la dette, la flexibilité de ce concept, est le fondement de son pouvoir. » Il faut toujours payer ses dettes, dit l'adage éthique et pourtant rien n'est moins simple. Car la violence se révèle toujours à terme un discours sur la dette. Pour garder sa mainmise, la violence a besoin de légitimité et de convaincre les victimes qu'elles lui doivent quelque chose. Et si possible quelque chose qu'elles ne pourront jamais payer, manière de les asservir durablement. Pour étayer la thèse, Graeber donne quantité d'exemples historiques. Archétype de la domination et de l'exploitation coloniales, l'épisode de Madagascar. En 1895, l'île est envahie par les Français. Après la « pacification », le général Gallieni décrète une imposition très forte sur la population malgache. En d'autres termes, les autochtones devront rembourser leur propre invasion et financer les investissements (chemins de fer, routes, ponts, etc.) décrétés par leurs envahisseurs. Aujourd'hui encore, la France considère que Madagascar lui doit de l'argent. Quant à l'histoire plus récente, elle pullule d'exemples

1. David Graeber, *Dette. 5 000 ans d'histoire* (2011), Les liens qui libèrent, 2014.

dans lesquels la « dette » n'a jamais de sens univoque. Graeber rappelle comment le consensus de Washington n'a été qu'une vaste opération de fabrication de la dette : « Pendant la crise pétrolière des années 1970, les pays de l'OPEP avaient déposé une si large part de leur nouvelle richesse dans les banques occidentales que celles-ci se demandaient bien où investir tout cet argent ; la Citibank et la Chase avaient alors envoyé des émissaires tous azimuts pour tenter d'amener dictateurs et politiciens du tiers-monde à contracter des emprunts (activisme baptisé à l'époque le *go-go banking*) ; très bas lors de la signature de ces contrats, les taux d'intérêt étaient montés presque aussitôt à un niveau astronomique, autour de 20 %, à cause de la politique monétaire restrictive mise en œuvre par les États-Unis au début des années 1980 ; c'était cette situation qui, dans les années 1980 et 1990, avait provoqué la crise de la dette du tiers-monde ; pour obtenir un refinancement, les pays pauvres avaient dû se soumettre aux conditions imposées par le FMI. » On voit ainsi très bien que la gouvernance mondiale ne pourra se passer de l'invention d'une nouvelle catégorie d'institution, non pas celle qui protège les créanciers, type FMI, mais celle qui protège les débiteurs. Le grand rituel de l'effacement de la dette a été sans doute l'un des éléments clés de la régulation démocratique historique[1]. Longtemps, la dette a remis en cause l'inaliénable de l'homme.

1. Voir Cynthia Fleury, « Qu'est-ce que la dette ? », *L'Humanité*, 2014.

Tomber en esclavage pour non-remboursement des dettes relevait du lot commun à l'âge romain. « Une fois la dette reconnue ou l'affaire jugée en procès légitime, que le débiteur ait 30 jours pour payer. [...] Ensuite, qu'il y ait finalement mainmise sur lui. Qu'on le conduise devant le juge. [...] S'il ne satisfait pas au jugement ou si personne ne se porte garant pour lui en justice, que le créancier le prenne, l'attache avec une corde ou des chaînes d'un poids minimum de 15 livres, ou, s'il le veut, davantage[1]. » Aujourd'hui, la loi fait la différence entre les victimes du surendettement et celles qui organisent sciemment leur insolvabilité. Les premières ne sont plus emprisonnées, sachant que le surendettement est déjà en soi une prison. Nous continuons d'avoir vis-à-vis de la dette un complexe archaïque.

1. Aulu-Gelle, *Nuits attiques*, Livre XX.

Le projet de livre « Les Irremplaçables » a bénéficié d'une résidence de travail à l'Académie de France à Rome – Villa Médicis.

LE DOGME DU POUVOIR
Existe-t-il des conditions légitimes d'exercice du pouvoir ?

IRREMPLAÇABILITÉ ET ÉDUCATION

DU MÊME AUTEUR

Aux Éditions d'écarts

MÉTAPHYSIQUE DE L'IMAGINATION, 2000

MALLARMÉ ET LA PAROLE DE L'IMAM, 2001

Aux Éditions Pauvert

PRETIUM DOLORIS. L'ACCIDENT COMME SOUCI DE SOI, 2002 (Pluriel, 2015)

Aux Presses Universitaires de France

DIALOGUER AVEC L'ORIENT. RETOUR À LA RENAISSANCE, 2003 (Réédition (CNRS-Éditions, 2016)

DIFFICILE TOLÉRANCE (avec Yves Charles Zarka), 2004

IMAGINATION, IMAGINAIRE, IMAGINAL (coordonné par Cynthia Fleury), 2006

L'ISLAM EN FRANCE (sous la direction de Yves-Charles Zarka, Sylvie Taussig et Cynthia Fleury), 2003 (Quadrige, 2008)

Aux Éditions Fayard

LES PATHOLOGIES DE LA DÉMOCRATIE, 2005 (Le Livre de Poche, 2009)

LA FIN DU COURAGE. LA RECONQUÊTE D'UNE VERTU DÉMOCRATIQUE, 2010 (Le Liver de Poche, 2011)

L'EXIGENCE DE LA RÉCONCILIATION. BIODIVERSITÉ ET SOCIÉTÉ (avec Anne-Caroline Prévot-Julliard et en co-édition avec les Éditions du Muséum national d'histoire naturelle), 2012

Aux Éditions du CNRS

LE SOUCI DE LA NATURE. APPRENDRE, INVENTER, GOUVERNER (avec Anne-Caroline Prévot), 2017

DIALOGUER AVEC L'ORIENT, Paris, CNRS-Éditions, coll. Biblis, 2016.

Composition : Daniel Collet
Impression Novoprint
le 14 février 2018
Dépôt légal : février 2018

ISBN 978-2-07-277925-1 / Imprimé en France.

330919